W0048447

Eva-Maria und Wolfram Zurhorst

Liebe kann jeder

GOLDMANN
Lesen erleben

Eva-Maria und Wolfram Zurhorst

Liebe kann jeder

Wie »Liebe dich selbst«
im Alltag funktioniert

GOLDMANN

Verlagsgruppe Random House FSC® N001967

3. Auflage
Aktualisierte Taschenbuchausgabe Mai 2018
© 2018 Wilhelm Goldmann Verlag, München,
in der Verlagsgruppe Random House GmbH,
Neumarkter Str. 28, 81673 München
© 2010 Gräfe und Unzer Verlag GmbH, München
Umschlaggestaltung: UNO Werbeagentur, München
Sämtliche Illustrationen einschließlich des Covermotivs:
© Isabel Klett, Barcelona
Foto Seite 190: © Annalena Zurhorst
Lektorat: Diane Zilliges
Layout: independent Medien-Design, Horst Moser, München
fm · Herstellung: cf
Satz und Layout: Uhl + Massopust, Aalen
Druck: Těšínksá Tiskárna, a.s., Český Těšín
Printed in Czech Republic
ISBN 978-3-442-22234-6
www.goldmann-verlag.de

Besuchen Sie den Goldmann Verlag im Netz:

Inhalt

»Liebe dich selbst« – das Geheimnis
des Beziehungsglücks   8

Beziehungsglück ist alltägliches Glück   18

Aus dem grauen Ehealltag zurück zu Liebe
   und Lebendigkeit   20

Es gibt sie doch! Die Wunder in Beziehungen   24

Es ist egal, wen Sie heiraten
   (oder schon geheiratet haben)   28

Sie haben genau das Unglück, an das Sie
   unbewusst glauben   32

Kleine Abkürzungen ins Beziehungsglück   36

Wie der Frosch zum Prinzen
   (oder die Fröschin zur Prinzessin) wird   39

Die vier täglichen Schritte ins Beziehungsglück   43

Phasen einer Beziehung I:
   Romantische Verliebtheit   47

Phasen einer Beziehung II:
   Der ernüchternde Machtkampf   51

Phasen einer Beziehung III:
   Unabhängig oder abhängig   54

Phasen einer Beziehung IV: Eiszeit   57

Die typischen Beziehungsfallen 60

Trennung ist selten die Lösung 62

Unterdrückte Gefühle bleiben immer noch Gefühle .. 66

Reden Sie nicht drum herum! 69

»Nein« ist das Zauberwort für die Liebe 72

Flucht ist zwecklos – nur wer sich einlässt,
    wird frei 76

Raus aus der gemütlichen Komfortzone! 79

Schonen Sie den Partner nicht,
    leben Sie Ihr Leben mit ihm! 83

Wollen Sie recht haben –
    oder lieber glücklich sein? 87

Entsprechen Sie sich selbst und nicht
    irgendeinem Ideal 90

Giftige Emotionen adieu!
    Lassen Sie die Gefühle wieder fließen 94

Klammern Sie nicht am Ex – lassen Sie los! 98

Sinnlichkeit und Sex ganz neu erleben.......... 102

Der wunderbare Liebhaber in Ihnen
    ist immer noch lebendig 104

Das Geheimnis im Sex 107

Der neue Sex 111

Die Fallen beim neuen Sex 115

Wie der neue Sex Ihr Leben verändert 119

Sucht oder Liebe? 123

Achtsamkeit – der geheime Genuss
    des Alltagslebens 127

Du und ich – und der, die oder das Dritte 130

Fremdgehen I: Es gibt keine Gewinner 132
Fremdgehen II: Erst drei machen die Sache rund 136
Fremdgehen III: Der Geliebte ist auch nur
  ein Mensch 140
Ihre wahre Geliebte ist Ihr Beruf? 143
Der langsame Computertod der Liebe 147

Raus aus der Krise – rein ins Glück 152

Krisen sind gut für die Beziehung 154
Lassen Sie Ihren Partner los und kümmern Sie
  sich um Ihr Leben 158
Die Wahrheit ist das Einzige,
  was Ihre Beziehung heilt 162
Beziehungsrettungsversuche? Vergeblich! 165
Wenn ich mich ändere, ändert sich mein Leben 168
Trennung in der Beziehung –
  das letzte große Wunderheilmittel 172
Vergebung – altmodisch, aber ungeheuer hilfreich ... 175
Das Geheimnis von »Liebe dich selbst« 179
Wie Sie die Liebe finden 182
Der Joker zum Schluss: Humor 185

Zum Nachschlagen 188

»Liebe dich selbst« –
das Geheimnis des Beziehungsglücks

Sie können die Partnerschaft leben, von der Sie träumen. Ganz egal, wie miserabel es gerade in Beziehungsdingen um Sie steht. Allerdings nur unter einer Bedingung: Sie verabschieden sich von dem, was Sie bisher für eine normale Beziehung hielten, und lernen, wie die Liebe wirklich geht. Und wir versprechen Ihnen, das kann das Abenteuer Ihres Lebens werden.

Nächstes Jahr feiern mein Mann Wolfram und ich Silberhochzeit. 25 Jahre – dass wir es beide so lange zusammen aushalten würden, das hätte damals in unseren Anfängen wirklich niemand, der uns einigermaßen kannte, für möglich gehalten. Wir haben uns ständig gestritten, besaßen kaum Gemeinsamkeiten; wussten nicht, was wir miteinander anfangen sollten, und wollten uns irgendwann völlig frustriert scheiden lassen. Und nun stand der Silvesterabend 2017 kurz bevor, und wir beide hatten nach fast einem Vierteljahrhundert gemeinsamem Leben und Arbeiten mehr Lust, nur für uns zu zweit ins neue Jahr zu feiern, als auf irgendeine Party zu gehen. Unser Silvesterabend wurde tatsächlich wunderschön. Wie geht das?

Wir haben gelernt zu lieben. Als wir einander das erste

Mal begegneten, waren wir genauso romantisch und hoffnungsvoll wie alle anderen. Dennoch wissen wir heute: Wir hatten genauso wenig Ahnung von der Liebe wie alle anderen. Und so mussten wir unsere Ehe ordentlich vor die Wand fahren wie viele andere Paare auch, bis wir begriffen: Übung, Training und die Bereitschaft zur Veränderung und inneren Entwicklung – das ist das Einzige, was eine Beziehung wirklich auf Dauer glücklich machen kann. Nachdem wir mit Tausenden von Paaren gearbeitet hatten und selbst kurz vor der Scheidung standen, können wir Ihnen versichern, es gibt keine idealen Paare und erst recht kein automatisches Abo auf Dauerglück. Auch heftige Verliebtheit am Anfang ist kein Garant für späteres Beziehungsglück.

Kürzlich sahen mein Mann und ich den Filmtrailer einer ausländischen Paarberatungssendung. Am Anfang wurde ein altes Hochzeitsfoto gezeigt – Braut und Bräutigam schön und strahlend vor Glück. Dann Schnitt: Zwei matte, müde, deutlich fülligere Wesen von heute, die in Jeans und Jogginganzug mit Chips auf der Couch lagen und Fernsehen guckten. Der Zuschauer konnte gerade noch erahnen, dass es sich dort auf dem Sofa um das gleiche Paar, nur Jahre später, handelte. Am Ende dieser Szene wurde eine Frage eingeblendet: Was ist nur passiert? Und dann die Antwort: das Leben!

Dass das Leben die Liebe auffrisst, das hat wohl jeder von uns auf die eine oder andere Art schon erlebt. Auch wenn wir im Laufe der Jahre nicht alle dicker werden und nicht jede einstmals schicke Braut im Jogginganzug endet – bleibt dennoch festzuhalten: Partnerschaft wird eines von ganz allein –

schlechter. Kennen Sie, wenn Sie ehrlich sind, auch nur ein Paar in Ihrem Umfeld, das nach einigen gemeinsamen Jahren mehr Funkeln in den Augen hat und lebendiger und wacher miteinander lebt als am Anfang? Eine Langzeitehe, in der das Paarsein wichtiger geblieben ist als der Beruf oder all die vielen Verpflichtungen? Eine, die seit der Hochzeit mehr Fahrt aufgenommen und mehr Tiefe bekommen hat und nicht langsam, aber sicher zur Nebensache verblasst ist? Eine, in der Anziehungskraft und Abenteuergeist nicht von festgefahrenen Vorstellungen, Routine, Ablenkung oder Sicherheitsdenken erdrückt worden sind?

Wohl eher nicht, oder? Auch unsere Ehe hatte, wie gesagt, diesen Weg in die Sackgasse genommen – und zwar nicht schleichend, sondern mit Vollgas. Wir standen bereits nach wenigen gemeinsamen Jahren kurz vor dem Aus unserer Ehe. Damals fühlten wir uns wie die absoluten Versager. Wir waren jung, unsere Tochter war klein. Während die meisten unserer Freunde gerade dabei waren, ihre Traumprinzen und -prinzessinnen kennenzulernen und rauschende Traumhochzeiten zu feiern, standen wir vor dem Scherbenhaufen.

Vielleicht vor so einem ähnlichen wie Sie gerade? Vielleicht aber vor noch einem größeren. Unsere persönliche damalige, komplett verfahrene Situation voller Drama, Ausweglosigkeit und Lügen haben wir ausführlich in unserem großen Bestseller *Liebe dich selbst und es ist egal, wen du heiratest* (Goldmann 2009) beschrieben, deshalb hier in aller Kürze: Nach Kampf, Nebeneinanderherleben, Fremdgehen, einer Trennung in der Beziehung und einem daraus resultierenden inneren Aufräumprozess bei jedem Einzelnen von uns fanden wir wieder zueinander und zugleich eine völlig neue Sicht auf unseren Scherbenhaufen.

Und das sorgte dann dafür, dass von diesem Zeitpunkt an der Gang unserer Ehe nicht weiter einer Talfahrt glich. Unsere existenziellste Krise wurde zu einem Geschenk der Heilung, und wir begannen, nicht im Äußeren, sondern im Inneren für Klärung zu sorgen und uns im Alltag erst einmal durch alte Verletzungen, Misstrauen, Frust und unsere unterschiedlichen Weltsichten und Wertvorstellungen zu wühlen. Wir lernten, loszulassen, zu vergeben, aufzuhören, uns zu beschuldigen, zu bekriegen und vor einander wegzulaufen. Wir lernten zu erkennen, wie beziehungsunfähig wir eigentlich waren und wie viel Angst jeder von uns davor hatte, sich wirklich einzulassen und verletzlich zu machen. Und wir lernten, durch diese Ängste behutsam durchzugehen und dadurch tiefer zusammenzuwachsen, als wir uns das je hätten vorstellen können.

Allerdings ist unsere persönliche, aber auch unsere professionelle Erfahrung: Auf diesen Weg geht kein Mensch freiwillig, weil er sich zunächst einmal überhaupt nicht gut anfühlt. Dieser Auflösungsprozess unseres Denk- und Wertesystems, in den uns unsere erste große Krise damals geschubst hat, fühlte sich, ehrlich gesagt, am Anfang an wie ein Alptraum, in dem wir einfach alles zu verlieren schienen: unsere Ehe, unseren Halt, unsere Träume und unser gemeinsames Elternsein mit unserem Kind. Und ohne den immensen Druck dieser Krise hätten wir sicher nicht so radikal losgelassen. Die

Krise hat uns gnadenlos aus dem uns vertrauten, sogenannten normalen Leben herausgepresst und gezwungen, voneinander und von alten Ängsten, vertrauten Gewohnheiten, festen Selbstbildern und Vorstellungen Abstand zu nehmen. Die Krise hat uns gezwungen, unser Denken rundum zu erneuern.

Und ein grundlegend anderes, revolutioniertes Denken über uns selbst ist wirklich das Einzige, das uns tatsächlich den Hebel an die Hand gibt, unsere Beziehungen praktisch und erlebbar zu heilen.

Sie haben es in diesem Moment selbst in der Hand, was aus Ihrem Beziehungsglück wird, auch wenn es vielleicht gar nicht danach aussieht und Sie sich ohnmächtig, abhängig oder einsam fühlen. Tatsächlich aber braucht Ihr Beziehungsleben ab jetzt eine einzige Sache, wenn es Ihnen Glück und Erfüllung schenken soll: ein Aufräumen in Ihrem eigenen Leben und in Ihrer Beziehung zu sich selbst.

Ihre Beziehung mit Ihrem Partner kann nur so gut werden, wie Ihr Umgang mit Ihnen selbst ist. Und der Stress in Ihrer Beziehung mit Ihrem Partner zeigt Ihnen wiederum, an welchen Stellen Sie mit sich selbst nicht gut umgehen. Wenn Sie nur ungenügend für Ihre Bedürfnisse sorgen, sich immer für andere aufopfern, nicht gut Nein sagen können, dann werden andere auch nicht gut mit Ihnen umgehen. Wenn Sie keinen Kontakt zu Ihren Gefühlen haben, nicht mit sich allein sein können und ständig Stress und Ablenkung haben, dann werden Sie nicht in der Lage sein, echte Nähe und Zweisamkeit auszuhalten, sondern eher vor der Liebe flüchten.

Das alles ist nicht nur graue Theorie, sondern zum einen

unsere eigene persönliche Erfahrung als Paar und zum anderen das Ergebnis unserer Arbeit als Paarberater in den Coachings mit Tausenden von Paaren.

Warten Sie nicht auf den Traumpartner. Das Einzige, was hilft, wenn Sie Ihre Beziehung dauerhaft als Heimat und als Abenteuer zugleich erleben wollen, ist ein gemeinsamer Entwicklungsweg im Sinne von »Liebe dich selbst«, dem Kern unserer Arbeit und unserer Bücher.

Das Konzept von »Liebe dich selbst« ist ein radikaler Wandel im Umgang mit Ihrem Leben und mit Ihren Beziehungen. »Liebe dich selbst« heißt konkret: Mein Fokus für alles, was ich in meinem Leben und meinen Beziehungen ändern will, liegt nicht auf meinem Partner, sondern auf mir und meiner Bereitschaft, mich kennenzulernen und selbst so anzunehmen, wie ich bin. Wenn ich damit ehrlich und konsequent vorangehe, dann können verfahrene Partnerschaften wieder heilen und Trennungen überflüssig werden.

»Liebe dich selbst« kann Großes bewirken – aber nur, wenn Sie bereit sind, es wirklich zu praktizieren und viele kleine Schritte im Alltag zu tun. Deshalb haben wir das vorliegende Buch als Ergänzung zu *Liebe dich selbst und es ist egal, wen du heiratest* geschrieben und in kleine Häppchen unterteilt, die Ihnen praktische Trainingstipps, Abkürzungen ins Beziehungsglück und Auswege aus Beziehungssackgassen zeigen.

Sie können dieses Buch auch nutzen, wenn Ihr Partner sich im Moment noch nicht mitbewegen möchte. Seien Sie sich aber sicher: Wenn Sie sich verändern, kann da draußen in Ihrer Beziehung und bei Ihrem Partner nicht alles gleich bleiben. Wenn Sie mehr Selbstliebe entwickeln und für Klärung in sich sorgen, strahlt das aus und sorgt für Bewegung beim anderen. Garantiert!

Das Gleiche gilt auch, wenn Sie zurzeit gerade Single sein sollten. Hier geht es ja vor allem darum, sich selbst besser verstehen und besser für sich sorgen zu lernen. Dann können sich Ihnen auch als Single wieder die Türen in eine Partnerschaft öffnen.

Wenn Sie – ob als Mann oder Frau – zu denen gehören, die sich gerade nur gezwungenermaßen auf Druck des Partners oder wegen einer akuten Krise mit dem ganzen Beziehungszeug befassen: Sie müssen dieses Buch nicht gleich von vorn bis hinten durchlesen. Lassen Sie Ihr Unterbewusstsein entscheiden – schlagen Sie einfach irgendeine Stelle im Text auf und vertrauen Sie darauf, dass das zufällig gewählte Thema oder die Übung etwas mit Ihnen zu tun hat. Oder Sie suchen sich erst einmal ein Kapitel im Inhaltsverzeichnis aus, das Sie gerade anspricht. Manchmal reicht ein neuer Impuls, eine andere Sicht, damit etwas Neues in Gang kommen kann.

Wenn Sie sich allerdings grundlegende und dauerhafte Veränderungen wünschen, dann braucht es in der Partnerschaft das Gleiche wie beim Sport oder in der Musik – regelmäßiges Üben von Neuem und Loslassen von Gewohntem im Alltag. Und es braucht eine gezielte Praxis in dem, was wir »Innere Arbeit« nennen. Wenn Sie uns beide heute, nachdem sich unser Denken über Beziehung und unsere Einsichten in die Kraft der Selbstliebe so grundlegend gewandelt und entwickelt haben, fragen: Ja, aber was machen Sie denn nun konkret und praktisch tagtäglich im Beziehungsalltag anders? Dann antworten wir Ihnen beide in der gleichen Leidenschaft und tiefen Überzeugung: Wir machen »Innere Arbeit«: Wir meditieren regelmäßig und arbeiten seit Jahren mit Visualisierungen und entspannender, lösenden Audioübungen. Das sorgt für dauerhafte Veränderung auf der emotionalen Festplatte im Unterbewusstsein, dem Ort, wo die Software für unser Beziehungs- und Bindungsverhalten – und die vielen alten Ängste und Widerstände gegen die Liebe – gespeichert sind.

Wenn Sie sich durch die Anstöße und die kleinen Übungen hier inspiriert und ermutigt fühlen weiterzugehen; wenn Sie aktiv Selbstliebe trainieren, Vergebung, Loslassen und Neuausrichtung unter Anleitung praktizieren wollen und auch tiefe, alte Wunden aus der Vergangenheit heilen möchten, dann empfehlen wir Ihnen, von hier aus weiterzuarbeiten mit dem großen Praxiskurs *Das Liebesgeheimnis* (Arkana 2017) mit integriertem, von uns gesprochenem Audioprogramm.

Wir wünschen Ihnen auf jeden Fall von ganzem Herzen, dass Sie erleben, was wir im Laufe der Jahre mehr und mehr und immer tiefer erlebt haben: nämlich dass die ganzen Hürden zu etwas gut waren. Dass wir ohne sie nie hätten erfahren können, wie viel Liebe, Mut und Stärke schon immer in unseren Herzen wohnte. Dass eine Ehe ein Abenteuer sein kann, das nie aufhört, weil es immer etwas Neues zu entdecken, zu lernen und zu wagen gibt. Und dass dieses ganze Abenteuer seinen Anfang in Ihnen nimmt – ja, dass allein Sie den Wandel in der Hand haben, wenn Sie erkennen, dass das, was wir über uns und die Liebe glauben, das bestimmt, was wir mit anderen in der Liebe erleben. Dass wir unsere Realität allein durch unsere Überzeugungen über sie gestalten. Dass uns im Außen nur begegnet, wovon wir im tiefsten Inneren überzeugt sind. Wenn Sie das verstehen und wirklich radikal akzeptieren, dann werden Sie hier im Weiteren verstehen, dass Sie und wir alle völlig in der Hand haben, was aus unserem Beziehungsglück wird. Und wenn Sie lernen, dieses Wissen bewusst und aktiv in Ihren Beziehungsalltag zu bringen, dann wird Ihr Liebesleben zu einem erfüllenden und herausfordernden Abenteuer und zu einer faszinierenden Forschungsreise zu sich selbst.

Wir kennen das Abenteuer Ehe mitsamt seinem zähen Alltag, seinen Krisen und der Angst, dass es gemeinsam nicht weitergeht. Und doch halten wir es nach wie vor für einen der größten und faszinierendsten Entwicklungsräume, die das Leben für uns bereithält. Eine Ehe ist kein romantischer Glücksfall – sie ist ein grandioser, aber unbeugsamer und herausfordernder Coach in Sachen Liebe. Sie hilft Ihnen, sich immer weiter zu entwickeln, immer besser für sich zu sorgen und immer mehr Mut zu entwickeln, Liebe und Nähe wirklich zuzulassen.

Vielleicht geht die Liebe ja ganz anders, als auch Sie jetzt noch ahnen? Vielleicht wollen Sie sich ja mutig auf den geheimnisvollen Weg in Ihrem Inneren wagen, statt länger dem

Beziehungssabotageprogramm, das bisher dort sein Unwesen treibt, zum Opfer zu fallen?

Wir können Ihnen bereits hier schon versichern, dass Sie, wo auch immer Sie jetzt gerade in Ihrem Beziehungsleben stehen, garantiert nur einen Bruchteil Ihrer Möglichkeiten realisiert haben. Sie werden erleben, was wir schon so oft in unseren Paarcoachings erlebt haben – dass die Sache gar nicht so verfahren ist, wie Sie glauben, und dass definitiv mehr geht von dem, was Sie sich wünschen. Dass Sie, egal, wie frustrierend und festgefahren die Dinge gerade erscheinen, eine enorme Gestaltungsmacht haben. Dass weder Ihr Partner Schuld hat, noch dass Sie ein Opfer sind. Sie sind der Chef über Ihr Beziehungsglück und der Einzige, der über die Liebe in Ihrem Leben bestimmt.

Also wie wäre es: Wollen Sie lernen, wie die Liebe geht?

Beziehungs*glück*
ist alltägliches Glück

Beziehung, das ist Alltag.
Und genau dort liegt auch, oft unvermutet,
das Glück verborgen:
im ganz alltäglichen Umgang mit dem anderen –
und vor allem mit sich selbst.

Aus dem grauen Ehealltag zurück zu Liebe und Lebendigkeit

Kennen Sie ein Paar – und zwar nicht aus Erzählungen oder einem Film –, das nach zwanzig Jahren Ehe noch so richtig lebendig und abenteuerlich lebt? Oder gehören Sie auch zu denen, die sich langsam damit abfinden wollen, dass Beziehung auf Dauer eben nicht funktioniert und dass die Ehe ein Ort voller grauer Alltäglichkeit oder im besten Fall voller Sicherheit und Vertrautheit ist?

Mal ehrlich: Sind Sie gerade glücklich und erfüllt in Ihrer Beziehung? Oder hängen Sie fest? Ist die Luft raus? Hat die Routine Sie aufgefressen? Haben Sie eigentlich keine Lust mehr auf das alles? Sitzen Sie gerade zu Hause im trauten Kreis der Familie, verzehren sich aber nach Ihrem Geliebten?

Oder sind Sie einer von diesen selbstständigen, lässigen Singles, die von sich behaupten, dass sie es lieber allein hinkriegen, als sich auf Beziehungsödnis einzulassen? Sind Sie ein treu sorgender Familienmensch, tun fürsorglichen, aber langweiligen Dienst nach Vorschrift und kommen Ihren ehelichen Pflichten nach? Sind Sie müde? Würden am liebsten alles hinschmeißen? Denken an Trennung?

Wir haben in unserer Ehe schon fast jeden dieser Zustände erlebt. Aber heute können wir sagen: Wir sind unge-

heuer dankbar für unsere Ehe und diesen ganzen Weg. Und
zwar vor allem, weil wir heute nicht wissen, wo er uns mor-
gen hinführt. Und weil wir wissen, wie gesund und hilfreich
Krisen sind. Eine der wichtigsten Einsichten, die es in Sachen
langfristiger Beziehung zu lernen gibt: Partnerschaft ist nicht
dazu da, uns Sicherheit zu geben. Und sie ist auch nicht der
Ort, an dem wir uns vom restlichen Leben und unseren beruflichen Anforderungen ausruhen können. Partnerschaft ist
dazu da, dass wir uns entwickeln und ihr damit immer wieder neu Leben einhauchen.

Wenn sie ernsthaft in die Schieflage gerät oder wir im
grauen Alltag versumpfen, dann weil wir die Entwicklung
verweigern.

> *»Liebe dich selbst ist nicht ›Piep piep piep – wir haben*
> *uns alle lieb‹. Es ist vielmehr ein kompletter Wandel*
> *im Umgang mit sich selbst und der Beziehung – Ihr*
> *Fokus liegt auf Ihnen.«*

Ein Beispiel: Gerd quälten Schuldgefühle, als er zum ersten
Mal in unsere Praxis kam. Seit Jahren landete er immer wieder in fremden Betten. »Da war diese Lebendigkeit. Keine
Kontrolle. Einfach mal loslassen … Aber trotzdem liebe ich
meine Frau und will sie nicht verlassen.« Gerd fühlte sich
mittlerweile richtiggehend zerrissen zwischen seiner Sehnsucht nach Lebendigkeit und seiner vertrauten Verbundenheit zu Hause. Im Laufe unserer Gespräche wurde das
Fremdgehen an sich immer bedeutungsloser. Einfach weil er

entdecken konnte, dass er sich all die Jahre zu Hause angepasst hatte, so wie er es schon bei seinem Vater kennengelernt
hatte. Er lebte einen Familienalltag, in dem für sein eigent-
liches Wesen gar kein Platz war.

Je mehr Gerd sich selbst kennenlernte und lange verdrängte Bedürfnisse und Gefühle zutage förderte, desto tur-
bulenter wurde es allerdings erst mal auch zu Hause. Lange
Unausgesprochenes kam auf den Tisch. Manches in der Ehe
wurde infrage gestellt. Aber irgendwann kam sogar seine bis
dahin völlig verschlossene Frau mit zu einem Gespräch und
meinte: »Die letzten Monate waren eine Achterbahnfahrt –
aber irgendwann konnte ich mir endlich eingestehen, dass
ich selbst ja auch nicht mehr so weitermachen wollte.« Der
erste Schritt in ein schöneres Beziehungsleben!

Also, wie kommt wieder Leben in die Bude? Wie finden
Sie den Ausweg aus Beziehungsvermeidung oder Alltagssack-
gassen? Unser Mittel zur Wiederbelebung hieß »Liebe dich
selbst«. Das hat uns aus dem Sumpf geholfen und ist heute
unser absolutes Allheilmittel gegen alles, was uns da scheinbar von außen das Leben und unsere Partnerschaft vermiest.
»Liebe dich selbst« lenkt Ihren Fokus weg vom anderen, hin
zu Ihnen.

»Liebe dich selbst« ganz praktisch

Fragen Sie sich: Was nervt oder verletzt mich gerade am meisten bei meinem Partner (oder – falls Sie Single sind – bei einem möglichen oder vergangenen Partner)? Was macht er nicht? Was macht er falsch? Wo kümmert er sich nicht? Wo geht er über meine Grenzen? Wo geht er nicht gut mit meinen Gefühlen um?

Wenn Ihnen das klar ist, finden Sie zehn Beispiele, wo Sie ebenso mit sich selbst umgehen. Ja, genau: Wo kümmern Sie sich nicht um sich? Nehmen sich keine Zeit für sich? Wann hören Sie Ihrem Inneren nicht zu? Geben Ihren Gefühlen keinen Ausdruck? Sind unehrlich sich selbst gegenüber oder angepasst? Machen anderen etwas vor?

Schauen Sie ohne rosarote Brille auf Ihre Liste. Fragen Sie sich, was Sie konkret im Alltag tun können, um besser mit sich umzugehen. Und fangen Sie an, es auszuprobieren. Das braucht Mut – bringt Ihnen aber schlagartig die Lebendigkeit zurück.

Es gibt sie doch!
Die Wunder in Beziehungen

*Q*uatsch! Es gibt keine Wunder – und schon gar nicht in Sachen Partnerschaft! Ihre Ansicht? Wir können Ihnen nur sagen: Wir haben Wunder erlebt. Und erleben sie bis heute immer wieder – mit uns und mit anderen, die zu uns kommen und um Hilfe bitten. Deshalb wollen wir Ihnen natürlich gern zeigen, wie's geht.

Jetzt sagen Sie vielleicht: Mag ja sein. Aber bei Ihnen, liebe Zurhorsts, und den anderen, die Sie kennen, ist es einfach nicht so verfahren gewesen wie in meiner Beziehung. Da können wir Ihnen nur antworten – abgesehen davon, dass wir auf der Rangliste für potenzielle Scheidungskandidaten jahrelang einen der oberen Plätze belegt haben: Gerade wenn es so richtig schwierig und aussichtslos scheint, gerade dann sind die größten Wunder möglich.

So skeptisch Sie auch sein mögen – aber vielleicht sind Sie ja der Kandidat, der ein Wunder in Sachen Beziehung gerade verdammt gut brauchen könnte. Vielleicht haben Sie schon seit fünf Jahren eine Nichtbeziehung. Erzählen allen, dass Sie ja eigentlich nicht zusammen oder eigentlich getrennt sind. Doch irgendwie geht das Nicht-Zusammen und Nicht-richtig-Getrennt immer weiter und klebt Sie mit

Ihrem Nicht-so-richtig-Partner fester zusammen als jede Heiratsurkunde.

Oder vielleicht haben Sie Ihrer Geliebten oder Ihrem Geliebten nun schon zwei Dutzend Mal gesagt, dass es vorbei ist. Vielleicht haben Sie Ihrem Ehepartner schon drei Dutzend Mal versprochen, dass Sie nur treu sind und bei ihm bleiben. Aber was Sie auch tun, Sie landen doch immer wieder in diesem fremden Bett.

Vielleicht haben Sie in Sachen Leidenschaft und erfüllendem Sex schon vor Jahren jegliche Hoffnung aufgegeben. Vielleicht sind Sie ja auch so voller Groll und Bitterkeit, dass Sie sich schon hart wie Stein fühlen. Einfach weil Ihr Partner macht, was er will. Und Sie sich benutzt und wertlos vorkommen. Und kein Jammern und Drohen etwas verändert.

> *»Zuerst müssen Sie überhaupt erst einmal erkennen, was bei Ihnen beiden passiert: Sie müssen die ewig gleichen Muster und Abläufe durchschauen, und zwar indem Sie sie anhalten.«*

Klar, das sieht in diesem Moment vielleicht wirklich ausweglos und scheinbar unveränderbar aus. Aber das liegt nur daran, dass Ihnen die unsichtbaren Geheimnisse, nach denen Beziehungen wirklich funktionieren, noch verborgen sind. Das liegt allerdings nicht daran, dass Sie irgendetwas nicht mitgekriegt oder vermasselt haben. Unsere Erfahrung ist es, dass eigentlich niemandem diese Geheimnisse beigebracht wurden. Keiner hat uns darauf vorbereitet, ein guter Liebhaber, ein echter Liebender und in einer dauerhaften Partnerschaft lebendig zu sein.

Also, wollen Sie sich einweihen lassen in die tieferen Geheimnisse des Beziehungsglücks? Wollen Sie es wenigstens mal wagen zuzulassen, dass ein kleines oder sogar größeres Wunder auch in Ihrer Beziehung, Ihrem Sexleben, in Ihrem Herzen möglich sein könnte – auch wenn scheinbar gerade überhaupt nichts mehr geht?

Der erste Schritt, den Sie dazu wagen müssten, ist sozusagen eine Vollbremsung. Bleiben Sie stehen, werden Sie still und gucken Sie ganz genau hin: Sind Sie an der entscheidenden Stelle immer auf der Flucht? Schweigen Sie, wenn's eng wird? Oder reden Sie schon seit Ewigkeiten ohne nennenswerte Veränderungen auf Ihren Partner ein?

Sind Sie eher ein Beziehungsrettungsaktivist oder eher ein Bindungs- und Näheverweigerer? Ehrlich gesagt, es ist egal. Keine Strategie ist besser als die andere. Beide bedingen sich einfach nur gegenseitig. Deshalb ist Ihre wichtigste Übung im Moment ganz klar: Sie müssen lernen, von Ihrer altvertrauten Strategie loszulassen.

»Liebe dich selbst« ganz praktisch

Konkret: Wenn Sie beim nächsten Mal wieder in Ihre altgewohnte, aber letztlich nicht hilfreiche Strategie einsteigen wollen, halten Sie an! Machen Sie sich bewusst, dass Sie jetzt wieder zum Vortrag oder zur Flucht ansetzen – und: Tun Sie es nicht!

Fragen Sie sich jetzt: Aber was dann? Das ist im Moment noch nicht wichtig. Im Moment zählt nur, dass Sie lernen, das alte Muster zu durchbrechen. Allein dadurch entsteht Platz. Eine Art Vakuum, in das das Neue oft von ganz allein einzieht. Lassen Sie sich überraschen, was passsieren wird!

Es ist egal, wen Sie heiraten
(oder schon geheiratet haben)

Um den nötigen Schwung in verfahrene Situationen zu bringen, provozieren wir gern ein bisschen. Also sagen wir: Es ist egal, wen Sie heiraten. Am Ende treffen Sie nämlich sowieso immer nur auf sich selbst. So ernüchternd und unromantisch es auch klingt: Egal, wem Sie begegnen, Sie selbst sind immer dabei. Der andere ist nur Ihr Gegenüber, mit dem Sie im Idealfall Ihre eigene Fähigkeit zu lieben, nach einiger Zeit aber vor allem Ihre eigenen unerfüllten Bedürfnisse, die Begrenzungen Ihrer Prägung und Ihre verdrängten Verletzungen entdecken können.

Wenn Sie also in Sachen Partnerschaft wirklich vorankommen wollen, dann ist die Beziehung, die Sie gerade haben, die beste, die Sie kriegen können. Auch die, in der es momentan eher zäh, schmerzhaft oder frustrierend ist! Sie haben gerade genau die knifflige Herausforderung, an der Sie Ihre Beziehungsfähigkeit optimal stärken und erweitern können. Ihr Beziehungsleben hat jetzt eben genauso viel Sprengkraft, wie es braucht, um den Panzer um Ihr Herz oder die ängstliche Enge um Ihre wahre Lebensfreude wegzusprengen. Sie haben den ganzen Stress gerade aus einem einzigen Grund – um in Wahrheit liebesfähiger zu werden.

Wir sind übergeschnappt, finden Sie? Ihre Ehe ist ausgehöhlt. Es wird nur noch diskutiert, gezickt, gestritten oder gemauert… Ihr Partner geht fremd… macht Dauersperrfeuer… erdrückt Sie… oder kümmert sich um gar nichts? Und das soll *Sie* liebesfähiger machen? Diese festgefahrene Beziehung soll genau die richtige für Sie sein? So ein Quatsch! Denken Sie so?

In Zeiten von Beziehungskrisen können Sie jede Menge über sich selbst lernen. Sie können ganz neue Seiten an sich entdecken. Lernen, über alte Grenzen hinauszugehen. Die eigene Verletzlichkeit, damit aber auch die eigene Zärtlichkeit und Lebendigkeit hinter dem Schmerz zu entdecken.

Und noch mehr: Jedes Mal, wenn Sie hinter eine Ihrer Rollen geschaut haben oder einen Ihrer Abwehrmechanismen entlarvt haben, können Sie auf einmal auch hinter die Fassaden Ihres Partners sehen und in sein – vielleicht verletztes und ängstliches – Herz. Dann können Sie entdecken, dass er nicht unbedingt der Übeltäter ist, sondern jemand, der einfach andere Prägungen, Verletzungen und Erfahrungen mitbringt. Das wiederum kann Ihnen ungeahnte und völlig neue Horizonte für Ihr eigenes Leben eröffnen. Genau dieses geheimnisvolle Wechselspiel ist das große Abenteuer: Sie entdecken etwas in sich, damit ändert sich Ihre Sicht auf jemand anderen. Sie sehen diesen anderen mit neuen Augen und damit gleichzeitig auch sich selbst.

*»Für den bewussten Verstand ist es schwer nachzu-
vollziehen, aber herausfordernde Partner sind ideale
Sparringspartner, mit denen Sie die Liebe lernen können. Beziehungskrisen sind die ideale Möglichkeit, um
wirklich beziehungsfähig zu werden und mit einem
anderen Menschen auf tiefere Ebenen der Nähe und
der Lebendigkeit zu kommen.«*

Sie können auch herumrennen und immer wieder neu oder
immer weiter nach einem perfekten Partner Ausschau halten.
Aber die Wahrheit ist: Erstens gibt es keine perfekten Menschen. Wir alle tragen Ängste, Macken und Verletzungen
mit uns herum. Zweitens werden Sie immer nur jemanden
finden, der mit Ihnen so weit gehen kann, wie Sie es selbst
mit sich können. Und der Sie nur so tief lieben kann, wie Sie
selbst es mit sich tun. Sie selbst sind also die Grenze für die
Liebe in Ihrem Leben.

Wenn *Sie* die Liebe in Ihrem Leben wollen, dann müssen
Sie ein wirklich guter Liebhaber werden. Aber in einem ganz
neuen Sinne: nicht einer, der Traumpartnern und Traumbe-
ziehungen hinterherjagt. Sondern einer, der die Liebe wichtiger nimmt als die eigenen Ängste und die gewohnten Muster.

»Liebe dich selbst« ganz praktisch

Wie tägliches Zähneputzen sollte für einen guter Liebhaber die Frage zur Gewohnheit werden: Was ist das Wichtigste, das ich gerade lernen kann? Welche Eigenschaft kann ich gerade in mir entwickeln, um mit dieser Herausforderung klarzukommen?

Fragen Sie sich, worum es gerade geht: Vielleicht darum, dass Sie sich überwinden, an einem Punkt, an dem Sie schon x-mal ausgebüxt sind? Vielleicht darum, Grenzen zu setzen? Endlich Nein sagen zu lernen? Oder sich endlich einmal auf einen Menschen einzulassen und Ja zu sagen? Mut zu entwickeln, sich zu zeigen – mit aller Angst und Unsicherheit? Scham zu überwinden? Kontrolle abzugeben? Neue Prioritäten zu setzen?

Finden Sie heraus, was gerade in *Ihrem* Leben als wichtigste Lernaufgabe ansteht. Und dann ist es wie bei allem, was neu antrainiert wird: Es braucht Mut zum ersten Schritt und dann viele, viele Wiederholungen.

Sie haben genau das Unglück,
an das Sie unbewusst glauben

*I*n Ihrer Partnerschaft ist die Luft raus oder Kriegszustand? Und Sie sagen sich: Vielleicht war alles mit uns ja nur ein großer Irrtum, dieses trostlose Jammertal hier ist nicht mehr meine Beziehung. Sorry – aber das, was Sie da gerade an Beziehung oder auch Nicht-Beziehung haben, entspricht genau dem, was Sie unbewusst glauben und damit von einer Beziehung erwarten. Ob es Ihnen nun passt oder nicht.

Da wären wir auch schon bei der Geschichte, die in Sachen »Liebe dich selbst« wirklich am allerschwierigsten zu verstehen – und zu verdauen – ist: Unbewusst gibt es in uns einen Glauben an all die Distanz, den Widerstand, die Verletzungen und die Einsamkeit, die uns in unserem Leben und in unseren Beziehungen gerade widerfahren. Wir haben das alles längst schon einmal erlebt, bevor wir es mit unseren Partnern erneut erfahren. Wir ziehen in unseren Ehen und Partnerschaften Menschen und Beziehungsdynamiken an, die unser System schon kennt – und das, egal, wie schmerzhaft sie sind.

Den ganzen Mist, all den Widerstand, all den Schmerz, den ich gerade – vielleicht auch immer wieder – erlebe, kenne ich schon, habe ich mir unbewusst ausgesucht, das alles wiederhole ich vielleicht sogar immer wieder? Ja, so bitter es klingt, aber in Sachen Partnerschaft sind wir eigentlich extrem unfrei und funktionieren tatsächlich eher wie ein Computer, der immer wieder automatisch die gleiche – oft ziemlich veraltete – Software hochfährt.

Um das zu verstehen, sind zwei Zahlen wichtig, die die meisten von uns nicht kennen, die unserer Meinung nach aber jedes Kind in der Schule lernen sollte: Die Wissenschaft geht davon aus, dass uns rund 96 Prozent unserer selbst unbewusst sind. Und nur vier Prozent bewusst.

Vier Prozent? Falls Sie gerade denken: Das ist ja nichts! Das heißt ja, dass ich eigentlich keine Ahnung von mir habe… Mich gar nicht wirklich kenne, alles Mögliche verdrängt und vergessen habe… Vielleicht sogar keinen Zugang zu großen Teilen meiner Potenziale habe… Dass ich die Dinge in meinem Leben bewusst nur minimal – winzige vier Prozent – steuern kann… Dann denken Sie richtig! Unser bewusster Zugang zu vielen Dingen ist wirklich minimal, das Unbewusste hingegen übermächtig.

Sie kennen das sicher aus Ihrem Alltagsleben: Vielleicht haben Sie schon mal eine Diät gemacht oder versucht, sich das Rauchen abzugewöhnen, mehr Sport zu treiben oder sich nicht mehr mit Ihrer Geliebten oder Ihrem Liebhaber zu treffen. Das waren zumindest die guten Vorsätze Ihrer bewussten vier Prozent: Ab heute ist Schluss mit dem Naschen, dem Rauchen, dem Rumsitzen, dem Fremdgehen! Das sagten Sie sich bewusst, ernst und voller Motivation.

»Der unbewusste Anteil in uns ist unendlich viel größer als der bewusste. Wenn wir glauben, dass wir unser Leben im Griff hätten, irren wir uns also sehr. Aber auch das Versteckte lässt sich erkunden.«

Aber dann dauerte es nicht lange und ungeahnte Mächte stiegen aus den Tiefen Ihrer selbst auf, die allesamt mit gewaltiger Kraft etwas völlig anderes ansteuerten als Ihr bewusstes Ziel. Und schon hatten Sie ein Stück Schokolade oder ein paar Chips im Mund. Zündeten sich die erste Zigarette wieder an. Schoben die Joggingschuhe in die Ecke und gingen mit den Jungs was trinken. Wurden von der Sehnsucht oder dem Trieb übermannt und trafen sich unerlaubt mit Ihrer heimlichen Liebe.

Diese Beispiele können Ihnen allesamt eine Ahnung vom bei Weitem stärksten Teil Ihrer selbst geben: von Ihrem Unbewussten, dem unbekannten, aber mächtigen Reich der 96 Prozent.

»Liebe dich selbst« ganz praktisch

Diese Trainingseinheit kann wirklich zum Abenteuer werden! Spannender als jede Affäre! Stellen Sie sich vor, Sie kennen sich überhaupt nicht und können sich neu in sich verlieben. Erlauben Sie sich die gänzlich neue Sicht auf sich selbst, die mögliche Tatsache, dass Ihnen nur ein winzig kleiner Teil Ihrer selbst bewusst ist. Sagen Sie sich: Tatsächlich kenne ich vielleicht nur vier Prozent von mir! Was bedeutet das für mein Leben und meine Beziehungen?

Wie viel mehr ist möglich? Wie vieles ist noch ungelebt und unentdeckt? Ahne ich nicht schon lange, dass da noch etwas anderes in die Welt will?

Akzeptieren Sie, dass es ab jetzt jede Menge zu tun gibt. Da warten 96 Prozent von Ihnen darauf, entdeckt, erforscht, angenommen und gelebt zu werden. Staunen Sie. Seien Sie sprachlos. Und ruhig auch demütig: Da gibt es einen großartiger, weiträumigen, komplexen, tiefgründigen, vielschichtigen Menschen, den Sie nicht kennen – und das sind Sie. Ab heute lernen Sie sich kennen.

Kleine Abkürzungen ins Beziehungsglück

Sie sind bereit für mehr Nähe, wissen aber mittlerweile, dass die anderen Ihnen nicht näherkommen können, als Sie selbst es sich sind? Und Sie fragen sich nun, wie Sie nur endlich an Ihre unbewussten Liebessaboteure herankommen sollen? Wenn Sie mutig sind, gibt es Abkürzungen. Die erste lautet: Verlieben Sie sich mit Haut und Haaren in sich selbst, und zwar inklusive all dem, was unter Ihrer sichtbaren Oberfläche lauert. Freuen Sie sich über alles, was hochkommt. Da unten in der unbewussten Tiefe wartet nichts Schlechtes. Da wartet der kostbarste Teil von Ihnen. Ihr natürliches Wesen, Ihre Talente. Unangenehm wurde es nur, weil Sie sich von so vielem, was Sie eigentlich ausmacht, im Laufe der Jahre abgeschnitten haben. Vielleicht, weil Sie dafür verurteilt oder verletzt wurden.

Die zweite Abkürzung: Schauen Sie sich die Eigenschaften an Ihrem Partner an, die Sie nicht mögen. Unangenehm, aber wahr: Genau das, was Sie an Ihrem Partner nicht leiden können, gibt Ihnen Aufschluss über die verdrängten Teile in Ihnen, über Ihre Schatten. Sie sagen: Er verdrückt sich immer? Mal ehrlich: Wie gern würden Sie endlich mal loslassen und frei sein? Sie sagen: Sie klammert, will immer was von mir? Ebenfalls ehrlich: Wann haben Sie aufgehört, irgendjemandem wirklich Ihr Herz zu zeigen? Wie sehr sind Ihre Gefühle eingefroren und wie wenig erlauben Sie sich, Ihre emotionalen Bedürfnisse zu leben?

Und schließlich die Turboabkürzung: Beschäftigen Sie sich offenen Herzens mit Ihren Feindbildern. Auch wenn es nicht leicht zu schlucken ist: Ihre Feinde haben etwas mit Ihnen zu tun. Leider zeigen auch sie Ihnen Teile von Ihrem Wesen. Und zwar die vollends abgespaltenen Ebenen Ihrer selbst, verdrängte Teile Ihres Selbsthasses und Ihrer Selbstablehnung.

Keine Frage: Der Umgang mit den Eigenschaften, die wir an anderen nicht mögen oder gar hassen, braucht Mut. Aber er hilft. Wenn wir uns diesen Eigenschaften nähern, zeigen sie uns immer genau das Gegenteil von dem, was wir unbedingt sein wollen oder zu sein glauben. Deshalb mögen wir sie nicht. Aber auch sie gehören zu uns. Wenn wir unsere Schatten annehmen, lernen wir, entspannter zu leben und unseren Aktionsradius auszudehnen.

 ## »Liebe dich selbst« ganz praktisch

Diese Übung sorgt sicher für Widerstände. Daher unser Tipp: Denken Sie nicht nur nach, sondern schreiben Sie die Antworten auf: Was kann ich an meinem Partner nicht leiden? Wer ist gerade mein Feind oder Ziel meiner gnadenlosesten Urteile?

Das war die leichte Übung. Nun folgt: Was hat das mit mir zu tun?

Was zeigen mir diese Eigenschaften oder Menschen über mich? Was an mir will ich nicht wahrhaben? Und vor allem: Wie wäre mein Leben, wenn ich etwas von dem, was ich so sehr ablehne, integriere? Was, wenn ich nicht mehr die liebe Nette bin? Was, wenn auch ich mal so scheinbar rücksichtslos werde, mich unbeliebt mache und mich endlich um mich statt um die anderen kümmere?

Was, wenn ich nicht mehr der kluge Lösungsorientierte bin, der schnell zum Punkt kommt? Wenn ich all meine diffusen Gefühle und unklaren Sehnsüchte mit meiner Partnerin teile?

Wie der Frosch zum Prinzen
(oder die Fröschin zur Prinzessin) wird

*B*isher haben wir uns hier vor allem mit Langzeitbeziehungen beschäftigt. Wobei Sie die meisten Dinge, die wir Ihnen in diesem Kurs nahebringen wollen, auch als Single ausprobieren können. Denn der Trick bei »Liebe dich selbst« ist ja die innere Haltung und nicht so sehr, was Sie im Außen haben, tun oder scheinbar nicht finden.

Vielleicht sind Sie Dauersingle oder irren als Beziehungshopper immer wieder auf der Suche nach Ihrem Idealpartner umher, um dann enttäuscht festzustellen, gerade schon wieder nicht Mr Right oder Mrs Perfect getroffen zu haben. Sie sollten lieber einfach mal stehen bleiben und ehrlich nachspüren. Sie suchen und hoffen – aber wollen Sie sich tief im Herzen wirklich einlassen? Oder müssen Sie sich vielleicht eingestehen, dass Sie irgendwo dahinten, weit unten eine Heidenangst vor echter Nähe und Verletzung haben? Erkennen Sie, dass, während ein Teil von Ihnen immer weiter sucht und hofft, ein anderer dann doch immer wieder ein Haar in der Suppe oder einen unerreichbaren Partner findet?

Wagen Sie ein Beziehungsabenteuer und küssen Sie endlich den Frosch. Entscheiden Sie sich dafür, sich auf einen der Durchschnittsmenschen – vielleicht einen direkt vor Ihrer

Nase – einzulassen. Dabei geht es nicht um Torschlusspanik oder darum, sich dem oder der Erstbesten vor die Füße zu werfen. Es geht darum, sich auf eine reale Beziehung jenseits Ihrer übermenschlichen, kindlichen, idealisierten Vorstellungen einzulassen. Auch wenn Sie entdecken sollten, dass Sie es mit einem überaus mittelmäßigen und fehlerhaften Wesen zu tun haben.

Wenn Sie mit diesem Menschen authentisch weitergehen, könnten Sie Ihren Ängsten, aber auch der Liebe ein großes Stück näher kommen. Liebe meint dann allerdings so verstaubt anmutende Eigenschaften wie Ehrlichkeit, Annahme, Mitgefühl, Verzeihen, Geduld und Offenheit. Das Faszinierende daran ist: Sie werden weicher mit sich selbst und lernen, mit den eigenen Unsicherheiten ganz gut umzugehen.

> *»Je öfter man sich dafür entscheidet, auch die eigenen Schwächen zu lieben, desto liebenswerter und einzigartiger wird wie nebenbei auch der andere.«*

Das kann man allerdings nicht mit dem Kopf verstehen. Das kann man nur ausprobieren. Simone beispielsweise war seit Ewigkeiten unfreiwilliger Single. Sie hatte viele Partner abserviert. Was sie dann im Laufe unserer Gespräche als größten Beziehungskiller entdeckte, verblüffte sie selbst. Sie, die scheinbar alles allein geregelt bekam und Männern forsch den Laufpass gab, hatte unbewusst vor allem eines: Angst davor, verlassen zu werden. Ihre hohe Messlatte half ihr, sich nicht wirklich einlassen und womöglich verletzen lassen zu müssen. In Simones Leben ging es nun darum, zuerst die eigenen, verdrängten Ängste hinter der coolen Fassade kennenzulernen. Und dann auch Männern die Frau zu zeigen, die Vorsicht und Einfühlungsvermögen braucht, um sich einlassen zu können. Die Überraschung dabei: Simone begegnete nun völlig anderen Männern als früher. Sie entsprachen zwar auf den ersten Blick nicht ihrem Ideal, konnten aber im realen Leben mit Gefühlen umgehen.

In diesem Zusammenhang müssen wir am größten Beziehungsheiligtum rütteln: der großen Liebe! Wenn wir von der großen Liebe träumen, dann träumen wir ehrlich gesagt von Beziehungsshopping. Wir erwarten einen perfekten Partner, der all unsere Bedürfnisse erfüllt. Das versteckte Programm heißt: Ein anderer muss etwas Besonderes sein, damit er meine eigene Unsicherheit ausgleicht. Daran aber muss eine Beziehung scheitern.

Genauso irrläufig ist der Gedanke: »Jetzt heiraten wir, und alles wird ganz toll.« Noch mal Beziehungsmathematik: Je näher mir ein anderer kommt, umso näher kommt er auch meinen Ängsten und Verletzungen. Ein weiser Mann hat das so zusammengefasst: »In dem Moment, in dem du dich in einen Menschen verliebst, beginnt automatisch der Prozess seiner Verwandlung in einen Frosch.« Wagen Sie also lieber ein echtes Abenteuer: Lieben Sie einen Frosch! Dann können Sie auch endlich entspannt Frosch sein.

»Liebe dich selbst« ganz praktisch

Fragen Sie sich ehrlich: Wo bin ich selbst ein Frosch? Wovor habe ich Angst? Wo sitzt meine Hemmung? Meine Scham? Meine Bindungsangst? Und wie wäre ein Frosch, der zu mir passt? Schlussfolgern Sie überrascht: Wenn er wirklich zu mir passt, muss er in sich ja auch Hemmung, Scham, Bindungsangst haben? Stimmt! Also sollten Sie sich weiter fragen: Wäre ich bereit, mit einem anderen Frosch zusammen Stück um Stück die schicken Rollen abzulegen und durch die Ängste, Verdrängungen und alltäglichen Anforderungen hindurchzugehen? Sodass wir gemeinsam langsam zu einem wunderbaren Froschpaar werden, das immer neue Froschabenteuer erlebt?

Die vier täglichen Schritte
ins Beziehungsglück

Die scheinbar so geheimnisvolle Verbindung von Selbstliebe und Beziehungsglück, mit der wir uns in diesem Kurs hier in allen möglichen Facetten beschäftigen, ist eigentlich gar nicht so geheimnisvoll. Es gibt tagtäglich vier wichtige Schritte zu tun, um in sie einzutauchen.

Schritt eins: Im Hier und Jetzt ankommen. Immer wenn in Ihrem Leben und Ihrer Beziehung Unruhe herrscht – bleiben Sie stehen, stellen Sie sich gewissermaßen einen Schritt beiseite und lernen Sie hinzuschauen, statt sich mitreißen zu lassen. Auch wenn es sich am Anfang so anfühlt, als würden Sie sich gegen Stromschnellen stemmen – stellen Sie sich vor, Sie säßen wie ein unvoreingenommener Beobachter auf einer Art Hochsitz und könnten alles in Ruhe betrachten. Was sehen Sie? Worum geht es da eigentlich? Was könnte das sein, das Sie hier lernen sollen?

Aber Achtung: Seien Sie ehrlich! Hier geht es nicht um Ihre Konzepte, Vorstellungen und Bilder im Kopf. Hier geht es darum, wie es Ihnen jetzt, hier und heute wirklich in Sachen Beziehung geht. Um das, was jenseits Ihrer Deutungen und aller Urteile tatsächlich in diesem Moment geschieht.

Und dazu braucht es Schritt zwei: im eigenen Inneren landen. Gehen Sie nach innen, spüren Sie in Ihrem Körper nach, verankern Sie Ihre Aufmerksamkeit dort. Mit etwas Übung lernen Sie so, in turbulenten Situationen Halt in sich selbst zu finden.

Ihr Partner ist selten da und kümmert sich zu wenig? Jetzt geht es nicht darum, dass Sie sich weiter ständig darüber aufregen und Veränderungen von ihm fordern. Dauermeckern ändert meistens eh nichts. Jetzt geht es darum, dass Sie nachspüren, was für Gefühle in Ihnen sind, wenn Sie allein sind, wenn niemand da ist, keiner zu Ihnen nach Hause kommt, wenn der Partner mit anderen unterwegs ist oder lange arbeitet … Was spüren Sie? Krampf im Bauch? Unruhe in der Brust? Wenn Sie jenseits aller Konzepte wirklich offen und neugierig nachspüren, dann können Sie in vielen Fällen fast kindliche Gefühle entdecken, die Ihnen zu ganz anderer Zeit schon das Leben schwer gemacht haben: Da ist die Angst vor dem Alleinsein, die Angst davor, hintergangen zu werden, oder davor, im Stich gelassen zu werden.

> *»Sich beeltern, damit geben wir uns selbst die Zuwendung, die uns einfühlsame und verständnisvolle Eltern geben würden. Das Mitgefühl und den Raum, den wir vielleicht nie bekommen haben.«*

Nun ist es Zeit für Schritt drei: sich »beeltern«. Lernen Sie, sich diesen Gefühlen liebevoll zuzuwenden. Urteilen Sie nicht. Fragen Sie sich nicht, warum. Und versuchen Sie vor allem nicht, diese eher unangenehmen Gefühle loszuwerden. Nehmen Sie sie an: Ja! Da ist Angst vor dem Verlassenwerden. Da ist Verunsicherung und Hilflosigkeit. Geben Sie diesen Gefühlen einfach bewusst Raum. Wenn Sie diesen Prozess in Ihr (Beziehungs)Leben integrieren, werden Sie mit der Zeit nicht nur immer bewusster. Sie bekommen auch mehr Halt, neue Kraft und mehr Klarheit über sich selbst. Sie werden erleben, dass in jedem Schmerz und jedem scheinbar zerstörerischen Teil in Wahrheit eine lebenswichtige, konstruktive Kraft eingeschlossen ist.

Und vor allem tritt irgendwann oft wie von selbst Schritt vier ein: Aus unbewusster Angst wird bewusste Kraft. Sie erkennen, dass in Ihrem Leben wieder und wieder die gleichen inneren Muster gegriffen haben. Dass in unterschiedlichen Begegnungen in Grundstrukturen immer wieder die gleichen Abläufe, die gleichen Ängste aufgetaucht sind. Der einst so geheimnisvolle Zusammenhang ist auf einmal glasklar. Da gibt es ein Gesetz, das in Beziehungen immer greift: Das Innen bestimmt das Außen. Wenn Sie einsam sind, dann weil Sie unterschwellig Urteile gegen andere hegen und Beziehungs- oder Verlustangst mit sich herumtragen. Wenn Sie immer auf der Flucht und im Ringen um ausreichend Distanz sind, dann nicht, weil Sie ein cooler, lonesome Cowboy sind. Sondern weil Sie bereits alte Verletzungen in sich tragen und sich aus Angst vor Wiederholung dieser schmerzlichen Erfahrungen lieber von anderen fernhalten.

Wenn Sie jetzt nicht ausbüxen vor dieser Erkenntnis, sondern begreifen, dass Sie gerade am Beginn einer Entdeckungsreise Ihrer selbst stehen, dann kann sich das Beziehungsglück ganz gemütlich neben der Selbstliebe mitten in Ihrem Leben ausbreiten.

»Liebe dich selbst« ganz praktisch

Die vier Schritte ins Beziehungsglück auf einen Blick:

1. Im Hier und Jetzt ankommen
2. Im eigenen Inneren landen
3. Sich beeltern
4. Aus unbewusster Angst bewusste Kraft werden lassen

Phasen einer Beziehung I: Romantische Verliebtheit

Sie sind nicht mehr verliebt? Haben stattdessen das Gefühl, Ihre Beziehung ist eher ein Tretminenfeld? Vielleicht kracht's aber auch nicht mal mehr, und Sie fühlen sich nur noch eisig und betäubt wie in einer toten Zone. Kein Grund zur Sorge und auch nicht in jedem Fall einer für eine Scheidung. Egal, wo Sie gerade stehen – auf gewisse Weise sind Sie im Plan. Und zwar im Beziehungslehrplan. Vorausgesetzt, Sie akzeptieren, dass Partnerschaft Spielregeln hat und kein Selbstläufer ist, sondern der wichtigste Ort für Ihre persönliche Entwicklung.

Jede Beziehung verläuft in Entwicklungsphasen. Sie haben nur die Wahl, ob Sie diese Entwicklungsphasen bewusst oder unbewusst durchlaufen wollen. Ob mit Ihrer Neugierde oder gegen Ihren Willen. Im ersten Fall sagen Sie: Ah, hier ist es also, wo wir gerade stecken. Ah, das gibt es also gerade zu lernen. Im zweiten Fall sagen Sie: Oje! Wir stecken fest. Oje! Wir haben etwas falsch gemacht.

Also, würden Sie gern wissen, wo Sie gerade stehen? Da Sie sich mit diesem kleinen Kurs beschäftigen, tummeln Sie sich wahrscheinlich nicht mehr in den Höhen der ersten Phase – nämlich der der romantischen Verliebtheit. Um ganz ehrlich zu sein: Die meisten Beziehungen beginnen als eine Art Rausch. Erinnern Sie sich? Irgendwie waren Sie auf Droge. Sie kannten den anderen zwar kaum bis gar nicht, erzählten aber Ihren Freunden, Sie hätten einen ganz besonderen Menschen getroffen. Einen, der Sie ganz besonders behandelt. Einen, der ganz besonders aussieht. Einen, der etwas ganz Besonderes ausstrahlt. Einen, der Sie auf ganz besondere Weise liebt.

So ernüchternd es auch ist, aber damit haben Sie inmitten einer perfekten Illusion gelebt, die wenig mit dem realen Menschen, aber dafür umso mehr mit Ihren idealen Vorstellungen von ihm zu tun hat. Wenn Sie frisch verliebt sind, wollen Sie einfach unbedingt glauben, dass da jetzt endlich jemand ist, der alles in Ihr Leben bringt, was Ihnen gefehlt hat. Der sozusagen den Ersatzteilkasten mit allem dabeihat, um Sie wieder ganz zu machen. Aber so einen Menschen gibt es nun mal nicht. Und den brauchen Sie auch nicht. Wirklich glücklich werden Sie auf Dauer nur, wenn Sie Ihre eigene Ganzheit in sich selbst entdecken. Das heißt aber nicht, dass von nun an nicht mehr der andere, sondern Sie das perfekte Ideal sein müssten. Es heißt nur, dass Sie sich selbst näherkommen und Ihre eigenen Kräfte entdecken sollten.

»Das wahre Liebesgeheimnis: Je mehr Sie sich annehmen, desto mehr stellen Sie fest, dass Sie etwas zu geben haben.«

Und siehe da: Sobald Sie Ihr Potenzial erleben, sind Sie nicht mehr so bedürftig. Und Gott sei Dank muss der andere nun auch nicht mehr unbedingt Ihrem Bild entsprechen, sondern darf sich endlich einfach nur als der entpuppen, der er ist.

Noch nicht so glücklich damit? Wir wollen hier nicht einfach nur die Spielverderber sein. Natürlich gibt es etwas Gutes an dieser wunderbaren, herrlichen Verliebtheit. Sie führt Sie über alle Hürden und Ängste hinweg. Sie zeigt Ihnen, was alles möglich wäre. Sie zeigt das wahre Potenzial, das eine Beziehung in sich trägt, sofern beide Partner bereit sind, sich von ihren Ängsten und Abwehrmechanismen zu trennen und miteinander ehrlich und mutig zu wachsen. Sie zeigt sozusagen, wie der ganze Spaß funktioniert – das aber noch »auf Droge« und im Traumland der Vorstellungen.

Hier in unserem Kurs geht es allerdings um die Frage, wie der Spaß ohne Droge und verklärte Vorstellung im wahren Leben, zwischen normalen Menschen, auf Dauer und mitten im Alltag funktioniert. Dass es wirklich und wahrhaftig geht, wissen Sie ja bereits.

»Liebe dich selbst« ganz praktisch

Wenn Sie gerade nicht mehr verliebt sind, besteht Ihre Übung darin, dass Sie sich so detailliert wie möglich an die Phase Ihrer Verliebtheit erinnern. Tauchen Sie aber nicht voller schmerzlicher Sehnsucht dort hinein, sondern nehmen Sie diese Gefühle von damals als Ermutigung, mit Ihrem Partner durch die zwangsläufig

anstehenden weiteren Entwicklungsphasen aktiv hindurchzugehen.
Denn die weiteren Phasen folgen – auch hier im Buch.
Und da haben Sie sicher ein bisschen was zu tun.

Phasen einer Beziehung II:
Der ernüchternde Machtkampf

*I*m letzten Teil waren wir zugegebenermaßen Spaß-
bremsen. Wir haben lang und breit erklärt, dass die
Verliebtheit nur eine Droge ist und Ernüchterung immer
programmiert sein muss. Ähnlich wie bei allen anderen
Rauschmitteln gilt auch hier: Je öfter wir sie nutzen, je öfter
wir uns also verlieben, desto schneller lässt der Rausch nach,
desto tiefer ist der Absturz und desto höher muss die nächste
Dosis werden.

Sofern Sie sich nach dem Absturz nicht trennen, obwohl
Ihr Partner Ihnen im nüchternen Zustand auf einmal so grau
und alltäglich vorkommt, landen Sie mit ihm wahrscheinlich
über kurz oder lang im Machtkampf. Aus den Besonderhei-
ten, die Sie in Zeiten der Verliebtheit noch so magisch ange-
zogen haben, sind jetzt Übel geworden. Er war so leicht und
heiter – bei näherer Betrachtung stellt er sich als unzuver-
lässig heraus. Sie war so leidenschaftlich – jetzt sorgt sie für
Dramen. Der einstige Fels in der Brandung ist zum unflexi-
blen Pingel geworden. Bei so viel Entzauberung und Ernüchterung geht nun das Gerangel los: Ich will aber, dass er meinen Vorstellungen wieder entspricht! Ich will, dass sie mich
wieder glücklich macht!

Je näher wir uns kennenlernen, umso weniger gibt's von all den schönen Vorstellungen. Dafür aber immer mehr reale Erfahrungen, die uns verunsichern und verletzen. Das aber soll nicht sein – und der Kampf geht los. Allerdings kämpft ab jetzt jeder mit unterschiedlichen Mitteln: Damit ist nicht nur Ellenbogeneinsatz und Durchsetzungsvermögen gemeint. Machtkampf bedeutet auch Abtauchen, Verweigerung und die fiese Methode, den anderen am ausgestreckten Arm verhungern zu lassen. Der eine versucht zu verändern, der andere zu verdrängen oder abzuwehren. Der eine räumt immer penibler die Wohnung auf, der andere lässt alles rumliegen. Der eine fordert mehr Sex, während der andere immer lustloser wird.

Oft verstehen wir nicht, was nun eigentlich geschehen ist. Wie konnte aus unserem Traumpartner unser Todfeind werden? Vielleicht war der andere ja nur eine Mogelpackung, fragen wir uns. Aber in Wahrheit ist nur eines passiert: Wir haben uns gegenseitig näher kennengelernt und sind dabei unseren verletzlichen Ebenen und Abwehrmechanismen nähergekommen.

 ## »Liebe dich selbst« ganz praktisch

In puncto Machtkampf gibt es nur eines: Steigen Sie aus aus dem immer gleichen Spiel. Hören Sie auf, haben zu wollen, und erweitern Sie sich selbst. Nehmen Sie das, was Sie an Ihrem Partner so wahnsinnig macht, schauen Sie es sich auch bei sich selbst an und integrieren Sie es in Ihr eigenes Leben. Das heißt nicht: Werden Sie wie Ihr Partner. Das heißt nur: Erweitern Sie Ihr Repertoire. Also: Wenn Sie besonders ordentlich sind, lernen Sie es auszuhalten, etwas liegen zu lassen. Wenn Sie besonders verantwortungs- und gesundheitsbewusst mit Ihren Kindern sind, dann versuchen Sie mal, einen Videoabend mit Chips und Hamburgern in die Kategorie »Lustvolles Sich-gehen-Lassen« einzuordnen. Und Ordnung ist nicht per se spießig und kreativitätshemmend. Vielleicht ist sie ja genau das, was Sie endlich mal zum Punkt kommen lässt.

Phasen einer Beziehung III: Unabhängig oder abhängig?

Zwei der wichtigen Entwicklungsphasen von Beziehungen kennen Sie jetzt bereits: die Verliebtheit und den Machtkampf. Viele Paare trennen sich bereits, wenn die rosarote Verliebtheit nachlässt, in der zweiten, kräfteraubenden Phase des Streitens, Zerrens und Rangelns.

Wer den Machtkampf übersteht, ohne sich zu trennen, aber auch ohne ihn auf einer tieferen Ebene verstanden zu haben, der landet prompt im nächsten Sumpf. Jetzt wird nicht mehr gekämpft, jetzt wird es zäher. Jetzt geht es um Abhängigkeit und Unabhängigkeit. Beide Partner resignieren und beginnen, sich mit dem nötigen Abstand auf entgegengesetzten Positionen einzurichten. Der eine wird jetzt möglichst cool und unabhängig, und der andere will ständig mehr Nähe und klammert.

Aber auch hier Vorsicht mit vorschnellen Urteilen: Wenn Sie derjenige sind, der klammert, sind Sie nicht einfach nur der Arme. Auf eine gewisse Weise rangeln auch Sie um eine gute Position. Äußerlich sieht es zwar so aus, als ob Sie immer nur das Beste wollen und alles zusammenhalten. Sie können immer sagen: Schau! Ich bin der Gute von uns, der sich so sehr um die Beziehung bemüht.

Aber in Wahrheit sind Sie genauso frustriert und enttäuscht wie der coole Cowboy. Der natürlich gar nicht so unabhängig und cool ist, wie es scheint. Er sitzt in unerreichbarer Ferne – und zwar aus Angst, weiter verletzt zu werden. Die meisten Cowboys sind empfindliche Seelchen. Und die bemühten und aufopfernden Klammeraffen sind unterschwellig oft voller Ablehnung und Urteile und nicht bereit, konsequent für ihre Gefühle einzustehen. Sie halten mit aller Kraft daran fest, dass der andere die Quelle ihrer Befriedigung sein muss: Wenn er nur käme… Wenn er sich nur um mich kümmern würde… Wenn er nur Zeit hätte…

Von welcher Seite man es auch anschaut – das zähe, oft nur leise, manchmal endlos lange Spiel von Abhängigkeit und Unabhängigkeit kann keiner gewinnen. Beide Partner leben mit latenter Eifersucht und Misstrauen und fühlen sich wie aneinandergekettet. Es herrscht ein Gefühl von: Es geht nicht mit, aber auch nicht ohne.

»Liebe dich selbst« ganz praktisch

Als Erstes müssen Sie in dieser Phase verstehen lernen, worum es hier geht: nämlich dass im Gerangel um Abhängigkeit und Freiheit einer immer die Verletzungen von beiden zeigt. Beim einen sind sie verdeckt, während der andere sie auslebt.

Dazu gibt es eine sehr konkrete und wirksame Übung: Wenn Sie der Abhängige sind, dann fragen Sie sich: Wie stark ist meine unterschwellige Eifersucht und Unsicherheit? Und jetzt stellen Sie sich vor, dass beides doppelt so stark bei Ihrem Partner ist. Unvorstellbar? Ist aber so. Spüren Sie dem mal tiefer nach, Sie werden es herausfinden.

Zweiter Schritt in dieser Übung: Gestehen Sie sich ein, dass Sie schon lange keine Lust mehr darauf haben, immer um Nähe zu bitten und fürs Gefühlsleben zu sorgen. Gestehen Sie sich ein, dass Sie wütend sind.

Und dass Sie es unendlich leid sind, um die Liebe zu betteln. Dass Sie massive Urteile gegen Ihren Partner haben, vielleicht sogar ständig bei Ihren Freunden über ihn meckern. Und dass Sie eigentlich nur ohnmächtig aushalten.

Sie ahnen schon, in welche Richtung Ihre Reise jetzt gehen muss: Seien Sie nicht länger Sklave Ihrer Angst. Stehen Sie endlich auf und folgen Sie Ihren unterschwelligen Gefühlen. Sie brauchen mehr eigenen Raum. Sie brauchen den Abstand äußerlich, den Sie auch innerlich haben – was Ihnen bislang nur nicht bewusst war.

Wenn Sie dabei wirklich konsequent sind, wird jetzt in Ihrer Beziehung endlich etwas sichtbar. Wenn Sie Ihren echten Platz einnehmen, sehen Sie, dass Ihr Klammern lange etwas verdeckt hat. Dass in der Mitte Ihrer Partnerschaft die ganze Zeit schon ein Platz unbesetzt war: nämlich der einer echten verletzlichen und wahrhaftigen Begegnung.

Der wichtigste Satz einer Annäherung lautet für Sie beide jetzt: Ich weiß eigentlich gar nicht, wie es geht. Vielleicht können wir es ja zusammen herausfinden?

Phasen einer Beziehung IV:
Eiszeit

$\mathcal{B}$isher sind wir mit unseren Phasen von Beziehungen aus dem romantischen Rausch der Verliebtheit direkt in den Machtkampf marschiert und von da aus in den zähen Sumpf von Abhängigkeit und Unabhängigkeit. Wenn Sie sich bis jetzt noch nicht getrennt haben, aber auch noch nicht die tiefere Dynamik verstanden und zur Umwandlung Ihrer Beziehung genutzt haben, dann bleibt nur noch eines: innere Einsamkeit.

Irgendwann erwischen Sie sich bei Gedanken wie: Soll das wirklich alles gewesen sein? Eigentlich sind wir doch nur noch zusammen aus Gewohnheit ... wegen der Kinder ... des Hauses ... Unser Beziehungsleben ist nur noch Routine. In dieser Phase gibt es gemeinsame offizielle Anlässe, getrennte Schlafzimmer, Parallelleben und vorgespielte Orgasmen. Wenn eine Beziehung in solch einer Eiszeit lebt, dann ist das immer das Ergebnis von innerem, emotionalem Rückzug. Irgendwann in unserem Leben oder im Laufe der Beziehung hat uns etwas wehgetan, aber wir hatten nicht den Mut, unserem Partner diese Wunde offen zu zeigen. Lieber zogen wir uns Stück um Stück zurück und fingen an, Rollen zu spielen. So verliert eine Partnerschaft schleichend die Nähe und die Lebendigkeit. Sie trocknet aus.

Wenn Sie sich in dieser Phase befinden, dann fassen Sie Mut und gestehen Sie sich die Wahrheit ein: Aus Ihrer Rolle heraus tun Sie vielleicht das Richtige. Sie kümmern sich weiter um die Familie, sorgen weiter fürs Geld oder den Haushalt, machen beim Sex mit. Aber Sie tun es mechanisch, ohne inneren, von Herzen kommenden Antrieb. Das verursacht Schuldgefühle und bringt Sie in die Haltung der Aufopferung. Und das wiederum führt meist dazu, dass Sie die leeren Rollen noch mehr perfektionieren müssen, damit ja keiner merkt, was darunter und in Ihrem Herzen alles versteckt ist.

Ein Neuanfang aus der Eiszeit heraus ist ein großer Schritt. Sie müssen sich einer ganzen Ansammlung von alten Schmerzen stellen, statt sie ständig aufs Neue mit gut gemeintem, aber totem Verhalten zu kompensieren.

 ## »Liebe dich selbst« ganz praktisch

Schließen Sie die Augen und machen Sie eine kleine Reise in die Vergangenheit: Wann hat es das erste Mal so wehgetan, dass Sie dichtmachten? Was haben Sie in dieser Beziehung nie von sich zeigen können? Was haben Sie nicht verziehen? Was haben Sie verschwiegen? Spüren Sie den Gefühlen nach: Hoffnungslosigkeit. Verzweiflung. Resignation. Hilflosigkeit. Angst. Was auch immer da vielleicht lange in Schach gehalten war – holen Sie es zurück in Ihr Bewusstsein und lassen Sie es vor sich selbst zu. Nur wenn Ihre Gefühle zurückkommen, kann auch das Leben zurückkehren.

Schließen Sie sich an Ihren inneren Lügendetektor an: Wo machen Sie allen etwas vor? Wie leid sind Sie es, etwas für die anderen zu tun oder vor ihnen darzustellen? Fassen Sie sich ein Herz und fragen Sie sich: Was ist der erste Schritt, den ich in den nächsten 14 Tagen tun kann, um der Eiszeit ein Ende zu machen? Was muss auf den Tisch? Hinter welcher Fassade sollte ich endlich hervortreten? An diesem Punkt gilt mehr denn je: Wer will, dass sich seine Beziehung ändert, muss bereit sein, sein Leben zu ändern.

Die typischen
Beziehungs*fallen*

Schmerzhafte Trennungen geschehen täglich und
überall – man kann so vieles falsch machen.
Doch es geht auch anders:
»Liebe dich selbst« heißt das Zauberwort.
Damit gehen Sie den fiesesten Fallen aus dem Weg.

Trennung ist selten die Lösung

*A*uch wenn sich bei »Liebe dich selbst« vieles darum dreht, wieder klarer für die eigenen Bedürfnisse und Grenzen einzutreten, heißt das eines nicht: Abschied vom Partner. Trennung und Partnerwechsel, mit denen kein innerer Wandel einhergeht, sind selten die Lösung. Oft ist eine Trennung, der keine bewusste persönliche Entwicklung vorausgegangen ist, eher eine Vertagung in Sachen »Liebe dich selbst«.

Das Auseinandergehen ist leider der Entwicklung Ihrer selbst und Ihrer Liebesfähigkeit oft so wenig dienlich wie der Versuch, den Platz zu wechseln, wenn's beim Tennismatch schlecht läuft, weil Ihre Vorhand ständig ins Netz geht. Für einen Moment sorgt ein Wechsel vielleicht für Entspannung, Abwechslung oder Erleichterung. Aber wenn Sie Ihr Spiel wirklich verbessern wollen, dann kommen Sie nicht umhin, Ihren Schlag umzutrainieren und die Spieltaktik oder den Abstand zum Ball zu verändern. Sonst gehen bald wieder alle Bälle ins Netz.

So viele Scheidungen sind überflüssig. Sie sorgen meist dafür, dass wir uns vom Auslöser trennen, nicht aber vom eigentlichen Problem. Wer nach einer Trennung nichts an sich ändert, den holt nicht selten beim nächsten Partner das ganze Dilemma wieder ein. Wir erleben das in unserer täglichen Arbeit wieder und wieder: Menschen trennen sich und suchen sich einen neuen Partner. Am Anfang scheint alles anders – frischer, offener, unverkrampfter und leidenschaftlicher. Aber dann schleicht sich der Alltag ein und mit ihm leider auch altbekannte, wenig erfreuliche Muster.

Wenn Sie gerade eine neue Beziehung beginnen: Genießen Sie die romantischen Phasen des Anfangs und all die damit verbundenen Hochgefühle und Hoffnungen auf Veränderung und Glück. Aber wenn die ersten Schwierigkeiten kommen, dann ziehen Sie sich nicht verschreckt zurück. Jetzt ist die Chance da, von der Verliebtheit zur Liebe zu wechseln und echte Öffnung, Mut, Klarheit, Mitgefühl und Vergebung zu entwickeln. Jetzt können Sie lernen, Gefühle zu zeigen und über sie zu reden. Grenzen zu setzen und Nein zu sagen. Mit einem anderen Menschen tiefer und tiefer zu gehen.

Wenn Sie gerade vor der Frage stehen, ob Sie sich trennen sollen, dann fragen Sie sich ehrlich, ob Sie weglaufen, ohne die ganze Wahrheit ausgetauscht zu haben. Ob Sie gehen wollen, ohne wirklich eine persönliche Entwicklung durchlaufen zu haben. Ob Sie gehen wollen, bevor Sie zum ersten Mal wirklich den Mut aufgebracht haben, sich mit allem, was Sie ausmacht, zu zeigen. Ob Sie gehen, ohne wirklich im Alltag neue Grenzen gesetzt und konsequent eingehalten zu haben. Ob Sie damit den Weg des geringsten Widerstandes wählen. Ob Sie glauben, damit alles Unbequeme loszuwerden.

>*»Kaum ein Leben reicht für das Abenteuer,*
>*Ihr ganzes inneres Potenzial und das Ihres Partners*
>*zu entdecken.«*

Eines können wir Ihnen versichern: Es gibt für die gemeinsame Vertiefung einer Beziehung keine Grenzen. Die Möglichkeiten einer Partnerschaft hängen einzig davon ab, wie weit beide bereit sind, sich zu öffnen, über gewohnte Grenzen hinauszugehen und ihr Inneres zu erkunden. Aber Achtung: In Zeiten der Krise geht das selten in Einklang und Gleichschritt. Da muss sich einer oft mutig allein auf seinem Weg voranwagen. Und entdecken, dass kein Jammern und Zerren, sondern erst sein Mut, seine Eigenständigkeit und seine neu gewonnene Kraft den anderen in Bewegung setzen.

Wenn Sie vor den Turbulenzen und Klippen dieses Erkundungsprozesses an einem bestimmten Punkt immer wieder ausbüxen, dann erleben Sie nur einen kleinen Teil von sich – und vom anderen.

»Liebe dich selbst« ganz praktisch

Listen Sie einmal Ihre wichtigen vergangenen Beziehungen auf. Fragen Sie sich bei jeder einzelnen: Was war genau der letztendliche Auslöser für die Trennung – egal, von wem sie ausging? Was hat mir in dieser Beziehung gefehlt? Warum haben wir uns getrennt? Was hat das alles bei mir bewirkt? Zu welchen persönlichen

Entwicklung wurde ich durch die Trennung gezwungen? Welche Gefühle hat die Trennung hinterlassen?

Die wichtigsten Fragen folgen nun: Kann ich einen roten Faden in meiner Beziehungshistorie entdecken, der mir etwas über mich und mein inneres Wesen zeigt? Kann ich heute mit einer neuen Sicht vielleicht Abläufe erkennen, die mir am Ende zu persönlicher Entwicklung verholfen haben? Kann ich sehen, dass eine Aufgabe wieder und wieder gekommen ist, um mich zu einem mutigen Schritt, zum Loslassen oder zum Wachstum zu bewegen? Kann ich mit Abstand den tieferen Sinn für mein Leben in alldem erkennen?

Unterdrückte Gefühle bleiben
immer noch Gefühle

Im Laufe jeder längerfristigen Beziehung werden um des lieben Friedens willen und aus Angst vor Konfrontation und Verlust viele kleine Gefühle und Regungen weggepackt. Dabei geht allerdings jede Menge Lebendigkeit und echte Nähe verloren. Stattdessen beginnen wir – ohne dass wir es so recht merken – zu erstarren, Rollen zu spielen und uns nur noch in kleinen Teilen wirklich zu begegnen. Unterschwellig wachsen Verunsicherung und Groll, fühlen wir uns immer unwohler, fremd und ausgehungert.

An der Oberfläche unseres Beziehungsalltags merken wir aber meist gar nicht so richtig, welche zerstörerische Dynamik da am Werk ist. Wir agieren nur zunehmend hilfloser. Im Laufe der Zeit macht einer der Partner meist immer weiter dicht und verlagert sein Leben langsam nach draußen – in der Hoffnung, dort etwas zu finden, was ihm intern fehlt. Und der andere klammert aus dem unsicheren Gefühl, seinen Partner nicht mehr erreichen zu können. Betont vor sich und seinen Freunden womöglich: Ich tue doch alles für unsere Beziehung. Aber mein Partner kümmert sich nicht. Er ist einfach nie da … flirtet mit anderen … arbeitet zu viel … Aber das alles hat tatsächlich nur eine Ursache: Zwei Menschen haben aufgehört, ihre echten Gefühle zu teilen. Und sie stattdessen in den Untergrund verbannt.

Stellen Sie sich dazu doch einfach mal vor, Sie wären ein gewaltiger Eisberg, Ihr Partner ebenso. Hier dümpelt irgendwo eine Eisbergspitze im Meer, die nach mehr Nähe fleht. Die andere Eisbergspitze scheint davon ungerührt auf Distanz zu sein. Doch was ist tief unter der Wasseroberfläche? Da ist gar keine Distanz. Da sind zwei Riesenrümpfe, die ineinandergreifen, selbst wenn oben nur zwei entfernte Spitzen zu sehen sind.

Da unten treffen all die weggepackten und nicht zugelassenen Gefühle aufeinander. Während Sie oben klammern oder flüchten, begegnen sich unten in den unbewussten Regionen ganz andere Gefühle: All die Missverständnisse, Einsamkeiten, die kleinen Verletzungen und Vernachlässigungen, die vielen Unaufmerksamkeiten – und irgendwann natürlich auch die Wut, die Hilflosigkeit und der Groll. Und schließlich Frust und Abneigung, weil der andere ja eh nicht so ist, wie Sie es sich erträumen.

 ## »Liebe dich selbst« ganz praktisch

Fragen Sie sich, wie sehr Sie in Ihrer Beziehung nur noch eine Rolle spielen? Die liebe Verständnisvolle. Der allseits beanspruchte Versorger. Die Eltern. Das Team. Der Vernünftige. Die Pflichtbewusste. Der Vater einer Tochter. Die Mutter eines Sohnes ...
Anschließend durchforsten Sie ehrlich Ihren Eisbergrumpf. Was

hat sich aufgestaut? Was ist nie angesprochen worden? Was lösen Sie gegenseitig beieinander auf unbewusster Ebene aus?

Und dann ist es vielleicht höchste Zeit für ein klärendes Gespräch mit Ihrem Partner. Und für ein neues Bewusstsein bei Ihnen, dass weggedrückte Gefühle trotzdem Gefühle sind. Dass Sie aber ab jetzt entscheiden können, wie Ihre Gefühle Ihr Beziehungsleben bestimmen: ob unterschwellig und womöglich destruktiv – oder von Ihnen bewusst gelebt durch Authentizität und Echtheit.

Reden Sie nicht drum herum!

Kennen Sie das? Alles ist schwierig, die Beziehung wackelig, und Sie versuchen, die Kontrolle zu wahren, die Fassade aufrecht, die Gefühle im Zaum und den anderen in der Beziehung zu halten? Sie wollen sich in den Griff kriegen. Aber wie wollen Sie die Kontrolle über etwas halten, das Sie nicht wirklich kennen? Vergessen Sie nicht: Tatsächlich sind Ihnen über 90 Prozent Ihrer selbst nicht bewusst. Glauben Sie tatsächlich, dass Sie da mit Kontrolle etwas ausrichten können?

Also, Sie haben bereits die Kröte geschluckt, dass der weitaus größte Teil Ihrer selbst Ihnen nicht bewusst ist, aber unterschwellig weitgehend die Abläufe in Ihrer Beziehung bestimmt. Und dass Sie die Entwicklung Ihrer Partnerschaft kaum bestimmen können, solange Sie sich diesen tieferen Geheimnissen Ihrer Persönlichkeit nicht widmen.

Wir haben gleich die zweite Kröte parat: Es ist auch nicht so, dass Sie wirklich bewusst – und schon gar nicht mit Kontrolle – bestimmen können, was von Ihnen in einem Gespräch oder einer Begegnung beim anderen ankommt. Dazu noch einmal die Wissenschaft: In der Kommunikation mit anderen ist nur zu sieben Prozent ausschlaggebend, was Sie sagen. Den größten Einfluss hat Ihre Körpersprache. Sie bestimmt zu weit mehr als 50 Prozent, wie Sie wirken und was Sie bewirken. Und immerhin zu mehr als einem Drittel bestimmen Klang und Ausstrahlung Ihrer Stimme über Ihre Wirkung auf andere. Insgesamt sind wir da wieder bei gut 90 Prozent. Zu gut 90 Prozent bestimmen also so diffuse Dinge wie Stimmklang, Ausstrahlung und Körperausdruck darüber, was von Ihnen beim anderen ankommt. Und was von Ihrem Partner bei Ihnen ankommt. Weitgehend läuft Beziehung also nonverbal und unbewusst.

Und damit wäre außen alles genauso wie innen! Der weitaus größte Teil Ihrer selbst ist Ihnen nicht bewusst. Aber genau diese umfassende und komplexe Welt in Ihrem Inneren bestimmt maßgeblich Ihre Wirkung auf andere. Was auch wiederum für die Wirkung von anderen auf Sie gilt.

»Liebe dich selbst« ganz praktisch

Lösen Sie sich von den Worten. Lernen Sie, das Klima zu erspüren. Vertrauen Sie auf Ihr Gefühl. Was strahlt Ihr Partner aus, wenn er mit Ihnen redet? Wie fühlt sich eine Berührung an? Tun die Worte oder Berührungen Ihnen gut? Oder verschließt sich etwas in Ihnen? Und umgekehrt: Sie gehen auf Ihren Partner zu, und er zieht sich womöglich zurück? Fragen Sie sich: Fühlen Sie sich wirklich lebendig und gehen deshalb auf ihn zu? Oder sind Sie eigentlich bedürftig und brauchen etwas von ihm? Macht es da nicht auf einmal Sinn, dass Ihr Partner sich entzieht?

Lernen Sie, bewusster zu werden und Ihre unmittelbaren inneren Regungen und Gefühle wahrzunehmen. Üben Sie, ihnen zu folgen und sie immer unmittelbarer auszudrücken. Das sorgt für mehr authentische Kraft und eine Art Klärungs- und Reinigungsprozess in all Ihren Beziehungen. Und dafür, dass Sie sich wieder lebendiger und selbstbewusster fühlen.

»Nein« ist das Zauberwort für die Liebe

Vielleicht fühlen Sie sich gerade ungerecht behandelt, hintergangen oder missbraucht. Und doch gibt es, wenn es um Beziehungen geht, keine Schuldigen. Die Verhaltensweisen von zwei Partnern bedingen sich immer – manchmal auf sehr schmerzliche Weise bis hin in die Co-Abhängigkeit. Die wichtigste Grundregel in Sachen »Liebe dich selbst« gilt trotzdem auch hier: Für Ihr Glück ist nur einer verantwortlich: Sie selbst! Vielleicht sträubt sich alles in Ihnen gegen diese Aussage? Wäre es Ihnen lieber, Sie könnten weiterhin Ihren Partner für Ihr Wohl verantwortlich machen? Dazu gibt es nur eines zu sagen: Wenn Sie diesen Ansatz der Eigenverantwortung in der Tiefe wirklich verstehen, ist er der Schlüssel, der Sie aus jeglicher Ohnmacht und Abhängigkeit befreit.

Wenn ein anderer Sie dauerhaft schlecht behandelt, dann, weil Sie sich selbst nicht wertschätzen und diese Behandlung zulassen. Vielleicht, weil Sie es nicht wagen, sich unbeliebt zu machen. Weil Sie sich nicht trauen, Grenzen zu setzen und für sich einzutreten. Wenn Sie dauerhaft bei jemandem bleiben, der nicht gut zu Ihnen ist, dann tun Sie das nicht aus Liebe, sondern aus Abhängigkeit und aus Angst vor Selbstverantwortung und Alleinsein. Und dann kann es nur einen Ausweg geben: Der wichtigste Schritt für die Liebe muss es nun sein, dass Sie sich bereit machen, endlich laut Stopp zu sagen und für sich zu sorgen.

Wenn es immer wieder kracht in Ihrer Beziehung, dann geht es nicht darum, Ihren Partner zu verändern oder bei ihm die Schuld zu suchen, sondern darum, dass Sie endlich den Blick ganz auf sich richten und Ihr eigenes Leben verändern. Das heißt natürlich auch nicht, dass Sie an der Misere schuld sind. Schuld ist überhaupt nicht das Thema. Es geht hier einfach darum, dass Sie lernen, Ihre eigenen Bedürfnisse wahr- und endlich ernst zu nehmen. Es geht darum, dass Sie Ihren Fokus auf Lösungen statt auf das Rechthaben richten – und! – dass Sie Entscheidungen treffen und umsetzen, statt auszuhalten und zu grollen.

> *»Wenn Sie von Herzen zu einem Menschen Ja sagen*
> *wollen, dann ist das Zauberwort auf dem Weg dorthin*
> *›Nein‹.«*

Lernen Sie ein Nein für die Liebe und für Ihr Beziehungsglück. Nein, das tut mir nicht gut! Nein, das lasse ich nicht mehr zu! Und dann handeln Sie danach, stehen Sie für sich und Ihr Nein ein. Sie werden sich wundern, wie Sie sich langsam immer offener und sicherer fühlen, wenn Sie das Nein-Sagen gelernt haben. Es wird nämlich etwas Logisches und Folgerichtiges passieren, was sich vielleicht dennoch zuerst höchst erstaunlich anfühlt: Ihr Selbstrespekt und damit Ihre

Selbstwertschätzung wachsen, weil Sie ein Gefühl für klare Grenzen entwickeln. Das ist nicht nur in Beziehungen wertvoll.

Das, was Sie auf diesem Weg entdecken, ist das zentrale Grundgesetz in Sachen Liebe: Nur in dem Maße, in dem ich mich selbst wertschätzen und für meine Bedürfnisse sorgen kann, kann ich überhaupt die Liebe von einem anderen annehmen.

Aber Vorsicht: Bei dem Nein-Sagen, das wir hier meinen, geht es nicht ums Abwehren. Es geht um die Frage: Was kann ich jetzt *für* mich tun? Und nicht, was könnte ich jetzt *gegen* den anderen unternehmen? Der Fokus liegt auch hier auf Ihnen und Ihrem Wohl.

»Liebe dich selbst« ganz praktisch

Suchen Sie nach fünf Neins für die Liebe. Wo muss ich Grenzen setzen? Wo endlich stopp sagen? Und dann nehmen Sie sich vor, mindestens ein Nein konkret in die Tat umzusetzen.

Fragen Sie sich außerdem: Was möchte ich gern an meinem Partner oder anderen verändern, die mich nicht wertschätzen oder verletzen? Welches Verhalten möchte ich nicht mehr länger? Dann akzeptieren Sie, dass sich Ihr Partner vielleicht nicht ändert, solange Sie so weitermachen wie bisher. Wenn Ihnen das klar ist, schreiben Sie fünf Möglichkeiten auf, wie Sie zu seinem Verhalten Nein sagen, indem Sie *Ihr* Verhalten so verändern, dass Ihr Leben durch den anderen und sein Handeln nicht mehr beeinträchtigt wird.

Im extremsten Fall geht es hier um mehr Abstand und völliges Loslassen. Wir nennen diesen Prozess: mentale Trennung. Oder: Trennung in der Beziehung (siehe auch ab Seite 172). Es ist eine innere Trennung, bei der Sie äußerlich zusammenbleiben. Sie rennen also nicht resigniert vor den Problemen weg, sondern bleiben und lösen sich von dem, was Ihnen nicht guttut.

Flucht ist zwecklos –
nur wer sich einlässt, wird frei

Es ist wichtig, Nein zu sagen – für die Liebe und das eigene Beziehungsglück. Es ist wichtig, Grenzen gegenüber den Ansprüchen des Partners und seinen verletzenden Verhaltensweisen zu setzen. Das alles gilt unbestritten, und viele müssen genau das erst lernen. Sosehr wir Sie hier in Sachen »Liebe dich selbst« ermutigen wollen, von Ihrem Partner loszulassen und für sich zu gehen, so schmal ist aber auch der Grat – vor allem oft für die Männer –, dass das Grenzensetzen ins Schotten-Dichtmachen kippt. Dann wird aus sorgen für sich selbst flüchten und weglaufen.

Wie können Sie also den Unterschied erkennen? Wenn Sie Grenzen für sich setzen, ist das meist ein sehr bewusster und kraftvoller Akt. Wenn Sie dagegen die Schotten dichtmachen, dann steckt dahinter oft ein Gefühl von Ohnmacht, Widerstand und Verweigerung. Und manchmal ist es schlicht Trotz oder Bequemlichkeit: Wenn mein Partner nicht dieses oder jenes macht, dann zieh ich mich eben zurück.

Also seien Sie wachsam und beschummeln Sie sich nicht selbst. Wenn Sie merken, dass Sie bei Komplikationen schnell auf Tauchstation gehen, wenn Sie sich unbequemen Diskussionen und Auseinandersetzungen gern entziehen, sich gerade aus einer schwierigen Beziehungsdynamik herausschleichen, dann ist Ihre Aufgabe in Sachen »Liebe dich selbst« genau entgegengesetzt zu der vieler anderer, die erst mal das Nein-Sagen lernen müssen. Bei Ihnen geht es nämlich darum, sich wieder zu öffnen, einzulassen, zu bekennen, zu zeigen und vor allem anzuvertrauen. Und zwar aus einem Grund: Damit Sie frei werden. Damit Sie das Gefühl im Nacken verlieren, immer auf der Hut sein zu müssen, jeden Moment von den Ansprüchen Ihres Partners eingeengt, überrollt oder verschlungen zu werden.

»Liebe dich selbst« ganz praktisch

Zunächst eine kleine Übung: Spüren Sie einfach einmal nach, was diese Worte mit Ihnen machen: … sich einlassen … sich anvertrauen … sich öffnen …

Regt sich Widerstand? Ja? Dann braucht es im Moment nicht mehr von Ihnen, als diesen Widerstand einfach wahrzunehmen, vielleicht zum ersten Mal bewusst. Wenn Sie sich erlauben, Ihrer eigenen Abwehr einen Moment nachzugehen und dabei bewusst zu bleiben, dann treten vielleicht schon die Gefühle, um die es eigentlich geht, zutage. Vielleicht ist es ja so, dass Sie gar nicht wissen, wie Sie Ihrem Partner begegnen sollen. Oder dass Sie sehr verunsichert sind. Vielleicht wissen Sie nicht, was Sie sagen sollen. Vielleicht ist es Resignation.

In jedem Widerstand steckt auch Angst. Auch wenn Sie alle möglichen logischen Argumente anführen können – hinter Ihrem

Widerstand warten Gefühle. Das Beste, was Sie für sich nun in Sachen »Liebe dich selbst« tun können: Gestehen Sie sich diese Gefühle ein und fassen Sie Mut, mit Ihrem Partner über sie zu reden.

Die große Übung hierzu ist eigentlich auch ganz klein: Sie müssen nicht perfekt sein. Sie brauchen sich nicht genau erklären zu können. Sie brauchen auch keine Lösung.

Der Akt, der schon für große Veränderungen sorgen kann, ist, dass Sie mit Ihren Gefühlen – mögen sie auch noch so diffus und unkonkret sein – einfach nur auf Ihren Partner zugehen. Aber auch hier gilt: Erwarten Sie von ihm nicht die perfekte Reaktion. Das ist genauso wie beim Nein-Sagen. Sie tun es für sich. Ihr Partner reagiert, wie er eben reagiert. Sie tun Ihren Schritt, gehen auf den anderen offen und ehrlich zu, um sich aus Ihrer inneren emotionalen Isolation zu befreien. Sie werden freier, je mehr Sie lernen, sich mit Ihren oft noch unklaren und verletzlichen Gefühlen zu zeigen. Indem Sie lernen, anderen unmittelbar zu begegnen, hilft Ihnen das zu mehr innerer Verbundenheit und Authentizität.

Dabei kann es durchaus sein, dass Ihr Partner nicht gleich auf Sie eingehen kann oder unvorsichtig reagiert. Lassen Sie sich nicht entmutigen und geben Sie Ihrem Partner eine Chance, sich auf Ihre Veränderung einzustellen. Sie haben Neuland betreten – und er muss sich nun erst einmal damit arrangieren.

Vielleicht erwischen Sie sich immer öfter bei dem Gedanken, dass es bei anderen Paaren bestimmt spannender ist. Dass die neue Kollegin irgendwie lebendiger und geheimnisvoller wirkt als der gemeinsame Abend vor dem Fernseher, der Sie zu Hause erwartet. Oder dass der Mann, den Sie in der Ausstellung getroffen haben, sicher viel interessierter und tiefgründiger ist als der, der zu Hause ausnahmsweise mal auf die gemeinsamen Kinder aufpasst.

Wenn Sie gerade das Gefühl haben: Verdammt, aber ich brauche einfach einen Kick – dann brauchen Sie keinen Kick, sondern Mut. Den Mut, sich ein paar Fragen zu stellen: Was kann ich gegen den Trott in meinem Leben und in meiner Partnerschaft tun? Wo passe ich mich um der Sicherheit oder des lieben Friedens willen nur noch an?

Überall dort, wo Sie sich nach einem Kick sehnen, geht es in Wahrheit darum, die eingefahrenen Bahnen zu überprüfen. Und dann braucht es Mut, um sich zu fragen: Bin ich bereit, von meinem Sicherheitsdenken loszulassen und aus der angenehmen, aber toten Komfortzone herauszutreten und meinen Partner mit meiner Wahrheit zu konfrontieren?

Vielleicht sagen Sie jetzt: Das kann ich nicht. Ich brauche einfach Harmonie in einer Partnerschaft. Das kennen wir gut. Das ist eine der liebsten Ausreden, um sich nicht tiefer einlassen zu müssen. Wenn Sie um der äußeren Harmonie willen auf harmloser Mittellage dahinschippern und Ihre Gefühle wegdrücken, schaden Sie aber tatsächlich sich selbst. Sie müssen sich ständig kontrollieren und geraten innerlich in einen Stau, wenn Sie auf Dauer versuchen, alle negativen Gefühle unter einem Mantel der Harmonie zu verstecken. Irgendwann sind Sie dann wie eine Bombe, die jeden Moment hochgehen kann.

Deshalb ist eine der wichtigsten Übungen, dass Sie lernen, mit Wut, Zorn, Traurigkeit und Ohnmacht umzugehen, die Sie so lange unter dem Deckel gehalten haben. Nur dann können Sie auch all die angenehmen Gefühle wie Leidenschaft, Lebendigkeit und Ausgelassenheit leben. Machen Sie also Schluss mit der angestrengten Harmonie und nehmen Sie öfter mal den Deckel runter, damit der Dampf entweichen kann und sich der festgehaltene Druck in Lebenskraft umwandelt.

> *»In unserem Inneren gibt es keine separaten Räume*
> *für gute und schlechte Gefühle. Deckel auf der Wut,*
> *das heißt auch Deckel auf der Lebensfreude.«*

Das heißt allerdings nicht, dass Sie von nun an einfach nur noch mit allem herausplatzen und Ihren Partner ständig neuen Wutattacken aussetzen, wenn Ihnen gerade etwas nicht passt. Deckel runter heißt im ersten Schritt, dass Sie lernen, Ihren Gefühlen innerlich wieder ihren Lauf zu lassen.

Gefühle zeichnen sich dadurch aus, dass sie immer in Bewegung sind. Schauen Sie einem kleinen Kind zu: Vor fünf Minuten war da noch wildes Schluchzen im ganzen Körper, und jetzt ist da schon wieder glucksendes Lachen. In Kindern sind die Gefühle noch frei und lebendig – so wie das in uns allen einmal war. Im Laufe der Jahre und Jahrzehnte nehmen wir sie dann aber entweder gar nicht mehr wahr, oder sie erstarren immer weiter unter unserer Kontrolle. Doch das tut Gefühlen einfach nicht gut. Sie sind dann wie Muskeln, die nicht mehr bewegt werden. Sie verkümmern, verhärten und sind nicht mehr belastbar. Gefühle brauchen freien Fluss. Sie sind immer in Bewegung. Gefühle sind nicht gut oder schlecht, sie drücken einfach unterschiedliche Kräfte aus. Und sie verändern sich schnell, sofern Sie sie wieder frei das sein lassen, was sie sind.

»Liebe dich selbst« ganz praktisch

Lernen Sie, in unterschiedlichen Situationen wieder Ihre Gefühle wahrzunehmen – allerdings ohne sich mit jedem einzelnen zu identifizieren. Es geht darum, sie wahrzunehmen, und nicht, wertend, verzweifelnd oder kontrollierend an ihnen kleben zu bleiben. Entscheidend ist allein Ihre bewusste Aufmerksamkeit. Ihr Partner zieht sich zurück: Ah, jetzt gerade bin ich traurig. Er tut etwas, was Sie nicht wollen: Ah, jetzt kommt wieder diese ohnmächtige Wut in mir hoch. Nehmen Sie die Gefühle genau wahr. Spüren Sie ihnen im Körper nach. Aber lassen Sie sich nicht von ihnen mitreißen.

So kommen Sie langsam wieder in Kontakt mit Ihrer inneren Lebendigkeit, und Ihre Gefühle kommen wieder in Fluss.

Am Anfang kann es manchmal zu Staudammbrüchen kommen, wenn Sie sich Ihren Gefühlen wieder zuwenden. Da explodiert dann die aufgestaute Wut der letzten zwanzig Jahre, ausgelöst durch eine Kleinigkeit. Dann wollen die Tränen überhaupt nicht mehr versiegen. Verurteilen Sie sich nicht. Lassen Sie den Staudamm ruhig brechen. Danach ist der Überdruck weg, alles kann wieder leichter fließen, und Sie fühlen sich ruhiger und in Ihrer Mitte.

Schonen Sie den Partner nicht,
leben Sie Ihr Leben mit ihm!

Sie hätten gern mehr Zeit für sich? Der Sex ist nicht mehr wirklich erfüllend? Sie würden gern mal was ganz anderes machen als bisher? Sehnen sich nach einem Abenteuer? Aber Sie schweigen und denken: Ich muss doch meinen Partner schonen. Dieses würde ihn verletzen … Jenes würde er nicht verkraften …

Wenn Sie Ihren Partner schonen, schonen Sie in Wahrheit nur sich selbst. Sie haben Angst vor Auseinandersetzung. Davor, Ihren Partner mit Ihren Bedürfnissen zu konfrontieren. Sie vertrauen nicht darauf, dass das, was Sie fühlen und brauchen, richtig ist.

Erleben Sie das auch, dass heikle Themen zwischen Ihnen beiden schon länger ausgespart werden? Dass Sie wie die Katze um den heißen Brei schleichen und Dinge nicht ansprechen, weil es schwierig werden könnte. Dazu möchten wir Ihnen eine wahre Geschichte erzählen, die Sie vielleicht ermutigt, sich Ihrem Partner mehr zu zeigen:

Ein Paar kam in die Praxis, weil sie einen anderen hatte, mit dem sie sich endlich wieder lebendig fühlte und mit dem alles viel spannender und leidenschaftlicher schien. Der neue Mann war ein Abenteurer und gehörte zu einer wilden

Motorradclique, die fast jedes Wochenende unterwegs war. Während sie begeistert redete, guckte ihr Mann nur starr und leer zu Boden. Das war der Anfang unseres Gesprächs: zwei Menschen, weit weg voneinander, die nach fast zwei Jahrzenten Ehe resigniert waren und der Trennung ins Auge schauten. Lediglich Alltagsroutine und Elternschaft teilten sie gezwungenermaßen noch miteinander.

Aber im Laufe des weiteren Gesprächs wurden wir Zeugen der Entwirrung eines unglaublichen Missverständnisses. Es kam heraus, dass der resignierte Mann früher auch Mitglied einer wilden Motorradclique gewesen war. Aber als dann die drei Kinder kamen, war seine einst so lebendige Frau immer ängstlicher geworden. Und irgendwann hatte er sein gefährliches Hobby auf ihren Wunsch hin der familiären Sicherheit geopfert. Sie hatte all ihre Träume vom eigenen Leben für ihre Rolle als Mutter begraben. Und er hatte sich im Berufsleben immer mehr auf eine angepasste Mittellage eingeschränkt. Beide hatten aber über diesen schleichenden Sterbeprozess nie wirklich geredet. Bis zu dem Tag, an dem plötzlich ihre Liebesaffäre auf den Tisch kam. Da war alles wie eine Bombe geplatzt. Und nun saßen die beiden hier in der Praxis und versuchten vorsichtig, wieder miteinander zu reden, über all das, worüber sie so lange geschwiegen hatten.

> *»Die meisten Beziehungen scheitern nicht an Schlachten und handfesten Grabenkämpfen. Die meisten bluten langsam aus, weil sich die Partner immer weiter zurücknehmen.«*

Im Verlauf des Gesprächs gab es einige Überraschungen. Zum Beispiel als ihr bewusst wurde, dass sie sich einen Liebhaber gesucht hatte, der genau das Leben lebte, das ihr Mann damals für ihre Ängste und die Familie geopfert hatte. Aber auch die Tatsache, dass seine Karriere schon seit längerer Zeit stagnierte, erschien jetzt in einem ganz neuen Licht. Warum ging es im Job nicht weiter? »Für einen echten Sprung«, antwortete er, »müsste ich ins Ausland gehen. Aber das kann ich ja nicht wegen der Familie.«

Da sprang seine Frau förmlich aus dem Sessel: »Ich habe dir doch damals vor zwanzig Jahren gesagt, dass ich überall mit dir hingehen würde. Warum hast du mir denn nichts erzählt?«

»Aber das ist doch schon so lange her«, antwortete er verwirrt.

»Ich habe all die Jahre gehofft, dass du mich mal fragen würdest. Dass mal etwas Spannendes in unserem Leben passieren würde. Und ich würde auch heute immer noch mit dir gehen«, floss es nur so aus der Frau heraus, als ob ein Staudamm gebrochen wäre.

Die beiden gingen nach Hause, nachdem sie entdeckt hatten, dass sie sich fast zwanzig Jahre lang voreinander geschont und füreinander aufgegeben hatten. Wie diesen beiden wollen wir Ihnen sagen: Leben Sie wieder sich selbst! Vielleicht ist es ja genau das, was Ihrem Beziehungsglück und Ihrem Partner fehlt.

»Liebe dich selbst« ganz praktisch

Fassen Sie sich ein Herz und wagen Sie sich raus aus der Komfortzone. Sie ahnen gar nicht, welcher Schaden in einer Partnerschaft angerichtet werden kann, wenn einer sich für den anderen zurücknimmt.

Wollen Sie recht haben – oder lieber glücklich sein?

*N*ichts killt die Liebe mehr als unsere Vorstellung von der Liebe. Eigentlich treffen in den meisten Beziehungen nicht zwei Menschen, sondern zwei Vorstellungswelten aufeinander. Da sagen Sie, dass man Feste immer unbedingt mit der ganzen Familie feiern muss. Aber Ihr Partner träumt von einer geheimen Hochzeit im Ausland, einem Tag nur für Sie beide. Sie finden, Lesen gehört einfach zum guten Ton. Aber Ihr Partner liest nun mal nicht. Sie finden, man muss gesellschaftliche Kontakte pflegen. Ihr Partner hat aber als Lebensmotto: Ich bin lieber spannend mit mir allein als gelangweilt mit anderen zusammen.

Es gibt kaum etwas, woran Beziehungen auf Dauer mehr leiden, als unter hartnäckig vertretenen Positionen, wie etwas zu sein hat, und festen Vorstellungen von gut und richtig oder falsch und verurteilenswert. Denn in Wahrheit gibt es dieses klare Richtig oder Falsch nicht. Wofür oder wogegen Sie auch immer gerade kämpfen in Ihrer Partnerschaft, es dreht sich selten um unverrückbare universelle Wahrheiten. Meist sind die Verursacher von Streit, Leid und Machtkampf Ihre jeweiligen Vorstellungen und Prägungen.

So ist einer der größten Schlüssel zum Glück in Beziehungen die Fähigkeit, von Vorstellungen und Prägungen loszulassen. Vielleicht waren Sie ja all die Jahre felsenfest davon überzeugt, dass man sich in einer Ehe auf keinen Fall laut streiten sollte oder gar die Fassung verlieren darf. Aber nun haben Sie all die Jahre diesen Partner, der bei einem Streit schon mal ausflippt. Wie wäre es, wenn Sie Ihre Vorstellung loslassen würden und endlich die Realität Ihres Beziehungsalltags annähmen? Da gibt es eben manchmal Streit. Aber das birgt vielleicht auch etwas Lehrreiches für Sie. Zum Beispiel, wie man Dampf ablässt, ohne an der Kandare seiner eigenen Kontrolle zu gehen. Mit Ihrem Partner gibt es heftige Gewitter, aber anschließend ist der Himmel deshalb auch schneller wieder klar. Wagen Sie doch auch mal ein richtiges Donnerwetter. Vielleicht lassen Sie ja mal bewusst los von der Rolle dessen, der weiß, wie man sich »richtig« benimmt.

»Liebe dich selbst« ganz praktisch

Fragen Sie sich: Will ich recht haben oder glücklich sein? Will ich meinen alten Prägungen folgen oder den Menschen, der vor mir steht, und damit auch eine komplett andere Welt kennenlernen? Glauben Sie uns eines: Das Glück einer langfristigen Beziehung hängt massiv davon ab, dass Sie und Ihr Partner bereit sind, Ihr ganzes Vorstellungsarsenal zur Disposition zu stellen. Es gibt so viel auszuprobieren. Und das wahrhaft Großartige an einer bewusst gelebten, langfristigen Partnerschaft ist, dass sie Sie herausfordert, immer offener zu werden, immer mehr Alternativen für sich und immer mehr Möglichkeiten für Ihr Leben zu entdecken. Das macht Sie immer facettenreicher und flexibler. Und genau dieser bewusste Öffnungs- und Weitungsprozess führt spannenderweise nicht etwa dazu, dass Sie sich verlieren, sondern dazu, dass Sie immer mehr Fähigkeiten dazugewinnen, um Ihre Talente zu entwickeln und Ihre Träume zu leben, die vorher von Ihren einseitigen Vorstellungen begrenzt wurden.

Entsprechen Sie sich selbst und nicht irgendeinem Ideal

Haben Sie auch ein paar Sklaventreiber an Bord? Idealvorstellungen, die Sie ständig antreiben? Eine glückliche Ehe geht nur mit Kindern! Man muss mindestens zweimal die Woche Sex haben! Um meinen Partner zufrieden zu machen, muss ich erfolgreich sein … einen großen Busen haben … für unsere Sicherheit sorgen …

All diese Idealvorstellungen machen aber niemanden zufrieden, sondern vor allem eines: Druck. Sie geben Ihnen ständig das Gefühl, einem Anspruch nicht zu entsprechen, noch irgendetwas erreichen, hinkriegen, schaffen oder leisten zu müssen. Idealvorstellungen lassen sich damit als eines ganz sicher entlarven: als echte Glückskiller.

So oft kommen Menschen in unsere Praxis, die glauben, falsch zu sein oder die falsche Beziehung zu haben, bloß weil sie oder etwas in ihrer Partnerschaft von irgendeiner Norm abweichen. Das sind vermeintliche Ideale, die sie schon in der Kindheit vermittelt bekamen oder von heutigen Freunden oder aus den Medien aufgeschnappt haben. Oft macht es traurig zu sehen, wie ein Mensch sich jahrelang dafür verurteilt, einem solchen Ideal womöglich nicht zu entsprechen und sich dann als kompletter Versager fühlen zu müssen. Das sind dann die Frauen, die sich Schönheitsoperationen unterziehen, weil sie Angst haben, ihren Männern sonst nicht zu gefallen. Es sind die Männer, die bis zur Erschöpfung arbeiten, ihr Leben einer Karriere opfern und Kredite aufnehmen, um große Häuser und große Autos zu finanzieren. Alles unter dem inneren Druck, ihrer Frau, ihrer Familie und ihrer Umwelt etwas bieten zu müssen.

Wenn Sie auch das Gefühl haben, nie zu genügen, nie Ihr Ideal zu erreichen, dann ist es vielleicht jetzt an der Zeit, endlich loszulassen. Wenn Sie glauben, dass Ihre Figur, Ihre Beziehung oder Ihr Sexleben nicht der Norm entsprechen, von der die vielen Hochglanzmagazine reden, dann können wir nur sagen: Willkommen im Club. Tagtäglich erleben wir bei unserer Arbeit, dass Menschen das Gefühl haben, sich mit ihrem Alltagseheleben als Versager outen zu müssen. Sie sind verunsichert und glauben, dass die anderen es sicher in ihrer Partnerschaft besser haben als sie. Aber da wir so vielen Menschen zuhören und uns selbst kennen, wissen wir, dass die anderen es nicht besser haben. So sehr unterscheiden wir alle uns nicht voneinander.

> »*Das Heimtückische an all den Normen und Idealen*
> *ist, dass niemand ihnen je wirklich entsprechen kann.*
> *Denn sie kommen von außen und führen damit*
> *immer nur von Ihnen und Ihrer Einzigartigkeit weg.*«

Wir können Ihnen versichern: Alle suchen nach ihrem Weg. Die anderen sind hinter ihren Rollen genauso müde wie Sie.

Die anderen wurschteln genauso herum oder verzweifeln am Sex. Sie haben auch Sehnsucht nach mehr Nähe und das Gefühl, es schaffen und erreichen zu müssen.

Idealvorstellungen setzen immer eine fiese Kette in Gang: Sie sorgen dafür, dass Sie sich mangelhaft fühlen. Sie suggerieren: So, wie Sie sind, sind Sie nicht genug. Also bleibt Ihnen nur eines übrig: Sie müssen sich noch mehr anstrengen, noch mehr erreichen, noch mehr verdienen, noch mehr weg- oder hinzuoperieren. Aber es reicht nie, um dem Ideal da draußen zu entsprechen. Es wird niemals reichen.

Nach unseren Ehejahren und einem intensiven Prozess in Sachen »Liebe dich selbst« können wir nur sagen: Jede unserer ursprünglichen, scheinbar in Stein gemeißelten Idealvorstellungen von uns und von Beziehung stand wie eine Mauer vor unserem Beziehungsglück. Jede hat uns ausgelaugt und verrückterweise immer von genau dem abgehalten, wonach wir uns so sehnten. Das Wunder geschah immer dann, wenn wir eine Idealvorstellung endlich losgelassen und uns gegenseitig unvollkommen und verletzlich gezeigt haben. Dann hat sich von innen auf einmal ein Gefühl von »richtig« eingestellt. Und heute können wir oft nur lachen über das ganze Zeug, das wir uns damals alles abverlangt haben.

»Liebe dich selbst« ganz praktisch

Wir können Ihnen hier als praktische Anregung nur mitgeben: Finden Sie heraus, welche Bilder vom perfekten Leben Sie bremsen und quälen. Entsprechen Sie Schritt für Schritt lieber sich selbst als den unmenschlichen und die Beziehung vergiftenden Anforderungen Ihrer Idealvorstellungen. Geradezu erlösend kann es sein, wenn Sie an die Stelle von Idealvorstellungen die Frage setzen: Was ist das Besondere an uns beider? Das Einzigartige an ihm? Das Unverwechselbare an mir? Und wenn Sie akzeptieren: Jetzt gerade haben wir zwar dieses nicht oder jenes nicht, was man vielleicht haben sollte. Wofür könnte das gut sein? Was können wir dadurch lernen?

Giftige Emotionen adieu!
Lassen Sie die Gefühle wieder fließen

*M*anchmal kennen Sie sich selbst nicht wieder. Aus heiterem Himmel haben Sie rumgebrüllt oder sich aufgeregt. Und jetzt – eine halbe Stunde später – denken Sie: Um Himmels willen, wer war dieser Wahnsinnige eben? Oder Sie stehen vor jemandem und kriegen den Mund auf einmal nicht mehr auf und benehmen sich wie ein kleines schüchternes Kind.

Was war da bloß los? Die Antwort lautet: Da war die wilde Meute alter, längst verdrängter, aber in Ihnen aufgestauter Emotionen am Werk. Und die haben nichts mit lebendigen Gefühlen zu tun, die unser Leben so lebenswert und unmittelbar machen. Solche vitalen Gefühle entspringen dem Augenblick, an ihnen hängt keine Geschichte. Man geht nämlich davon aus, dass ein gelebtes Gefühl nur einige wenige Sekunden dauert und dann durchlebt ist. Freude kommt, wird gefühlt und verflüchtigt sich dann auch schon wieder. Aggression kommt, wird gefühlt und geht wieder. Da ist kein Stau, keine Ladung, keine Geschichte.

Aber die meisten von uns leben nur selten ein Leben im reinen Fluss der Gefühle. Die meisten leben mit einem inneren Gefangenenlager voller eingesperrter und erstarrter Emotionen. Emotionen, das sind angestaute Gefühle, die wir in der Vergangenheit nicht wahrgenommen oder ausgedrückt haben. Sie sind sozusagen angesammelte, ungelebte Vergangenheit. Ablagerungen all Ihrer unausgedrückten Gefühle.

Immer, wenn Sie etwas runtergeschluckt, unterdrückt oder in sich hineingefressen haben, hat sich das nicht etwa heimlich in Luft aufgelöst, sondern innerlich abgelagert. Und deswegen sind Sie heute entweder ziemlich kontrolliert, um all das alte Zeug in Schach zu halten. Oder Sie reagieren ständig über, weil an einer eigentlich kleinen Geschichte ein ganzer, alter, unverdauter Rattenschwanz hängt.

»Liebe dich selbst« ganz praktisch

Machen Sie den Check Ihrer Emotionen. Das erfordert Bewusstheit und Mut, ist aber sehr hilfreich. Sie sind in alten aufgestauten Emotionen gefangen, wenn:

💜 Sie Ihrem Partner die Schuld an Ihrem Unglück geben.
💜 Sie das Gefühl haben, vom anderen abgetrennt zu sein – so als ob zwischen Ihnen und dem anderen eine unsichtbare Mauer stünde.
💜 Sie sich vom Partner alleingelassen und abgelehnt fühlen.
💜 Sie sich voller Negativität fühlen und Ihre Gedanken sich im Kreis drehen.
💜 Sie sich hilflos und als Opfer der Situation fühlen.
💜 Sie nicht verstehen, warum Sie so reagieren.

- ❤ Ihnen Ihr Partner nichts recht machen kann.
- ❤ Sie mit Äußerungen wie: »Nie machst du …« oder: »Immer tust du …« reagieren.
- ❤ Sie leicht reizbar oder nörglerisch sind.
- ❤ Sie auf kleine Auslöser mit großen emotionalen Ausbrüchen reagieren.

Wenn Sie sich in einigen Punkten wiedererkennen, dann ist jetzt nicht die Zeit für Selbstvorwürfe oder Schuldgefühle. Es geht vielmehr darum, dass Sie sich selbst verstehen lernen. Und dass Sie durch den Nebel der Vergangenheit Ihren realen Partner wieder deutlicher erkennen – als das, was er ist. Vielleicht nämlich nicht derjenige, der an allem, was Ihnen nicht passt, die Schuld trägt. Immer wenn Sie emotional sind, sind Sie nicht bei Ihrem Partner, sondern unbewusst gefangen in alten Geschichten.

Deshalb ist eine der wichtigsten Übungen für jede Beziehung, dass Sie sich auf die Lauer legen: Gewillt, die Momente herauszufinden, in denen Sie emotional reagieren und keine klare Sicht mehr auf den Menschen oder die Situation haben. Und dass Sie lernen, rechtzeitig mitzukriegen, wann Sie gerade wieder von ungelebten Gefühlen aus der Vergangenheit übermannt werden.

Aber Achtung: Versuchen Sie nicht, diese Gefühle wieder zu kontrollieren. Es geht darum, sie kennenzulernen und sich ihnen mit Mitgefühl zuzuwenden. Der Doppeleffekt: Langsam kommen Sie aus Starre oder Stau wieder in die Lebendigkeit. Im Alltag können Ihre Gefühle wieder viel unmittelbarer fließen. Und: Sie können immer klarer Ihren Partner als Auslöser erkennen, aber nicht als Schuldigen. Er verliert seine Bedrohlichkeit. Und Sie Ihre Angst.

Diese Übung ist eines der größten Wandlungsprogramme für eine festgefahrene Beziehung. Je mehr Sie lernen, Zeuge Ihrer Reaktionen zu werden und Abstand von Ihren emotionalen Mustern zu nehmen, umso magischer werden sich Ihre Begegnungen und Ihre Erfahrungen verwandeln. Auf einmal ist die Ladung einfach weg. Der Schmerz nicht mehr da. Das Herz wieder offen. Machen Sie sich bei diesem Umwandeln Ihrer Emotionen auf viel Übung, aber auch auf kleine und große Wunder gefasst

Klammern Sie nicht am Ex – lassen Sie los!

*A*lles hat nichts genützt. Der Kleiderschrank ist leer. Und Ihr Partner weg. Vielleicht packt Sie jetzt die Panik, und es treibt Sie nur noch ein einziger schmerzhafter Gedanke um: Egal wie, Hauptsache, ich krieg ihn wieder, er muss zu mir zurückkommen, ich kann ohne ihn nicht leben. Trotzdem, es heißt jetzt ausschließlich: loslassen.

Jeder Versuch Ihrerseits, Ihren Partner in dieser akuten Phase zur Rückkehr zu bewegen, ist kontraproduktiv. Solange Sie in Panik sind, ist der Motor für all Ihre Versuche nur die Angst. Ihre Angst vor Verlust und Ihre Angst vorm Alleinsein. Wenn Sie aus dieser Angst heraus auf Ihren (Ex)-Partner zugehen, kann er gar nicht anders: Er muss noch intensiver für Abstand von Ihnen sorgen.

Denn unterschwellig meinen Sie in diesem Moment nicht Ihren Partner, alles dreht sich in Ihnen vielmehr um Ihre Angst. Es geht Ihnen nicht um ihn, es geht um Sie. Und deshalb gilt es jetzt, dass Sie sich mit Ihrer Angst konfrontieren, statt sie und Ihre Bedürftigkeit Ihrem Partner überzustülpen. Dazu ist es wichtig, dass Sie sich auf Entzug vom Partner setzen und bis auf Weiteres jeden Kontakt vermeiden. Wenn Ihr Partner gegangen ist, dann hat er damit das Gefühl bewiesen, dass nichts mehr geht. Er selbst hat Angst vor jeder weiteren Diskussion und der Konfrontation mit seinen Gefühlen der Ausweglosigkeit.

Deshalb hier unsere wichtigsten Tipps für den Umgang mit der akuten Trennungsphase:

- ❤ Tun Sie mindestens vier Wochen lang nichts, um mit Ihrem Partner in Kontakt zu kommen.
- ❤ Tun Sie alles, um sich mit sich selbst zu konfrontieren und die eigenen schmerzlichen Gefühle wahr- und anzunehmen. Geben Sie sich Raum für Ruhe und seien Sie liebevoll mit sich selbst.
- ❤ Versuchen Sie nicht, Ihren Partner per Telefon, E-Mail oder Treffen in Diskussionen zu verwickeln, um die Ursachen der Trennung zu klären, denn in der akuten Phase ist Ihr Partner durch rationale Argumente nicht zu erreichen.
- ❤ Es hilft auch nichts, dass Sie sich klein und Ihren Partner groß machen, indem Sie ihn mit Liebesschwüren, Geschenken oder honigsüßen SMS bombardieren. In der Zeit frisch nach der Trennung wirken solche Versuche allesamt nicht anziehend, sondern abschreckend.
- ❤ Ebenso wenig hilfreich ist es, bei ihm Mitleid zu erregen, sodass er aus Schuld- oder Verantwortungsgefühlen zu Ihnen zurückkommt. Mitleid kann niemals die Basis für einen gesunden Neuanfang sein.
- ❤ Wenn das Alleinsein unerträglich wird, dann neigen wir dazu, andere mit hineinzuverwickeln. Aber hüten Sie sich davor, Freunde oder Familienmitglieder auf Ihre Seite zu ziehen oder einzuspannen, um Ihren Partner zur Rück-

kehr zu bewegen. Damit schaffen Sie nur unnötige Fronten und verlieren sich im Taktieren.

❤ Genauso sollten Sie die mögliche neue Liebe Ihres Partners nicht attackieren. Das hält Sie von Ihrer eigenen Entwicklung ab und bringt Ihren Partner nur noch weiter auf Distanz, vielleicht sogar gegen Sie auf.

❤ Und die letzte große Falle, die es zu umgehen gilt: Versuchen Sie nicht aus lauter Verlustangst, sich um jeden Preis zu verbiegen, sich selbst aufzugeben – in der verzweifelten Hoffnung, Ihren Partner zurückzubekommen, wenn Sie nur endlich so sind, wie er Sie immer haben wollte. Wenn Sie Ihre Persönlichkeit aufgeben, um eine Trennung rückgängig zu machen, ist das einer der größten Attraktivitätskiller überhaupt.

Ihr Partner ist gegangen, weil er die Nähe oder den Respekt zu Ihnen verloren hat oder weil er Ihre Attraktivität nicht mehr wahrnehmen kann. Oder er ist aus Angst vor dem nächsten Schritt in die Verbindlichkeit geflohen. Wenn der andere erst mal weg ist, heißt es Abstinenz. Und zwar mindestens so lange, bis Sie in Ihrem Leben wieder allein auf sicheren Beinen stehen.

»Liebe dich selbst« ganz praktisch

Wenn Sie wollen, dass Ihr Partner den Weg in die Beziehung zu Ihnen wieder zurückfindet, gibt es nur eines: Sie müssen Ihre eigene Souveränität und Ihr Selbstwertgefühl wiederfinden und in Ihrer Alltags- und Lebensplanung wieder unabhängiger und eigenverantwortlicher werden. Das macht Sie selbst wieder sicher und für andere attraktiv.

Und das ist der einzige Weg, wie entweder Ihr Partner zu Ihnen zurückkehrt oder ein neuer Mensch in Ihr Leben kommt, der Sie wirklich wertschätzen kann.

Sinnlichkeit und *Sex* ganz neu erleben

Liebe, Sex, Beziehung,
all das findet im Körper statt.
Allerdings nur, wenn Sie dort auch bewusst
anwesend sind. Das zu üben, wird Ihr Leben
verwandeln – hin zum Glück!

Der wunderbare Liebhaber in Ihnen ist immer noch lebendig

*W*issen Sie noch – damals? Als Sie aus lauter Liebe diese völlig verrückte Geschichte gewagt haben? Als Sie mit drei Stunden Schlaf auskamen, weil Sie so beschwingt und aufgeladen waren? Als Sie in der halben Zeit das Doppelte geschafft haben, voller Energie und Leichtigkeit? Und als der Sex Ihr wundervolles Lebenselixier war? Erinnern Sie sich noch an diese Zeiten? Gab es da nicht diese ganz andere Seite in Ihnen, die heute kaum noch existent zu sein scheint, weil Sie vor allem funktionieren und in einem Korsett aus Pflichten, Routine und festen Abläufen eingezwängt sind?

Wir versichern Ihnen: Dieser verrückte, lebendige, spielerische Teil in Ihnen ist nicht tot – er ist nur verschüttet. Und letztendlich geht es uns mit unserem Kurs in Sachen »Liebe dich selbst« vor allem darum, diesen Teil wieder hervorzuholen. Um die Frage: Wie kann ich meine Zartheit, meine Sensibilität genauso wie meine Kraft und Lebendigkeit wieder leben?

Eine Antwort kennen Sie schon: Liebe dich selbst. Indem Sie sich selbst annehmen lernen, kommen auch Ihre Kraft und Ihre Lebendigkeit zurück. Indem Sie die Verantwortung für Ihre Verletzlichkeit wieder übernehmen und sich Ihrer Angst und Unsicherheit wieder stellen. Indem Sie lernen, Ihr Herz für sich selbst wieder zu öffnen. Für all das was Sie vielleicht lange in sich einfach weggeschoben haben. Das Ganze ist eher ein im positiven Sinne passiver Wahrnehmungsprozess. Aber Sie können auch aktiv etwas tun.

»Liebe dich selbst« ganz praktisch

Schaffen Sie Raum fürs Beziehungsglück. Laden Sie die Liebe ein. Fangen Sie eine Liebesgeschichte mit sich selbst an. Was würden Sie sich wünschen, dass ein Mensch, der Sie liebt, für Sie tut? Tun Sie es selbst! Vielleicht ist es etwas ganz Einfaches, und Sie kaufen sich einen großen Rosenstrauß oder führen sich ins Konzert aus. Was würden Sie sich wünschen, dass es ein anderer tut oder lässt für die Beziehung mit Ihnen? Tun oder lassen Sie es selbst: Ein Tag Urlaub und wirklich nichts machen? Früher mit der Arbeit aufhören? Mehr zuhören? Sie toll finden? Ihren Körper anziehend finden?

Reichen Sie einen Tag Urlaub ein! Gehen Sie eine Stunde früher aus dem Büro! Stellen Sie sich nackt vor den Spiegel und versprechen Sie Ihrem Körper, nicht mehr ständig an ihm rumzumeckern! Vielleicht trauen Sie sich aber auch etwas Verrücktes? Nehmen Sie sich einen Stift und ein großes Blatt Papier und schreiben Sie die Frage darauf: Was würde ich tun, wenn ich keine Angst hätte? Und dann schreiben Sie zehn Dinge auf – kleine oder große Wagnisse – ganz egal. Wenn Sie ganz mutig sind, nehmen Sie dieses

Blatt Papier und lesen es einem Freund vor, vor dem Sie sich selbst versprechen, welchen ersten kleinen Schritt Sie in den kommenden 14 Tagen für eines dieser Wagnisse tun werden. Für weniger Mutige geht es auch, dass sie sich diesen Schritt irgendwo hinschreiben, wo sie ihn nicht übersehen können.

An dieser Stelle möchten wir Ihnen zum Schluss noch ein Geheimnis verraten: Alle – aber auch wirklich alle – Beziehungen funktionieren nach dem Gesetz der Resonanz: Menschen, die sich selbst guttun, lernen Menschen kennen, die ihnen guttun.

Das Geheimnis im Sex

Endlich kommen wir wirklich zum Sex. Doch wenn Sie bei diesem Punkt auf neue, verwegene Stellungen, verführerische Praktiken und wilde Anregungen für Ihre Fantasie hoffen, müssen wir Sie enttäuschen. Aber dafür möchten wir Ihnen etwas unserer Meinung nach unendlich viel Spannenderes nahebringen. Einen neuen Sex, der wirklich sättigt und Sie in sinnliche Erfahrungswelten bringt, die Körper, Herz und Seele gleichermaßen erfüllen. Sex voller Nähe, aber ohne Anstrengung. Sex, der entspannt und gerade deswegen die Hemmungen hinter sich lässt und heiter ist. Der schlicht und gerade deshalb so faszinierend und tief ist. Sex, der funktioniert, egal, wie alt oder jung, wie dick oder dünn Sie sind.

Wie das geht? Als Erstes gilt: Vergessen Sie die Technik. Das Geheimnis im Sex ist die Liebe. Und die Wahrheit von Sex ist, dass er seinen Ursprung nicht im Körper, sondern im Herzen hat. Er kommt nicht von außen, sondern von innen. Wenn man sich dieser Tatsache nicht stellt, führt er irgendwann immer in eine Sackgasse aus Gier und Geilheit oder Flucht und Lustlosigkeit – beides aus dem gleichen Grund: Weil er Ihnen in der Tiefe nicht das gibt, wonach Sie sehnlichst suchen.

Mal ganz ehrlich: Geht's bei Ihnen zu Hause tatsächlich so abwechslungsreich und leidenschaftlich zu, wie Medien und Statistiken versprechen? Da ist alles möglich und fast alles erlaubt. Da können Sie im praktischen Zehn-Punkte-Programm nachlesen, welches die besten Sexstellungen sind, wie man am längsten kann und was einen am schärfsten macht. Aber klappt das bei Ihnen so leicht? Oder fühlen Sie eher Scham und Ohnmacht beim Blick auf Ihren erotischen Alltag, wenn Ihnen laut Umfrage vorgerechnet wird, dass alle anderen öfter, wilder und ausgefallener Sex haben als Sie selbst? Und im Kino sehen die Akteure dann auch noch so umwerfend schön und unwiderstehlich dabei aus.

Nervig, oder? Und verunsichernd kommt hinzu, dass Sex, Sinnlichkeit und Erotik heutzutage allgegenwärtig und scheinbar für jeden immer zu haben sind. Dass aber so viele Körper nicht auf Knopfdruck und nach Gebrauchsanweisung funktionieren. Sie reagieren auf all die Anregungen und Praktiken nicht so, wie sie sollten.

Sex also irgendwie gleich Frust? Das kann es einfach nicht sein. Und das ist es auch nicht. Er wäre nicht so ein Riesenthema, wenn es in ihm nicht ein wunderbares Geheimnis gäbe. Und dieses Geheimnis ahnen wir alle irgendwie. Sex ist das Tor zur Liebe. Wir sind so unendlich sehnsüchtig nach ihm, weil der Sex die Liebe erfahrbar machen kann. Wie dieses Geheimnis auch für uns zugänglich wird – das wollen wir alle wissen.

»Irgendwo mitten im Kern von Sex gibt es eine Erfahrung von vollkommener Verbundenheit – wie sonst nirgendwo.«

Und damit wären wir beim neuen Sex. Im neuen Sex geht es darum, dass Sie lernen, dass es nichts zu tun gibt – einfach weil alles schon da ist. Dass Sie sich in Ihre natürliche, häufig nur verschüttete und von Spannungen überlagerte, aber doch immer vorhandene sexuelle Energie hinein entspannen. Statt – wie im alten Sex – ständig auf einen Orgasmus hinzuarbeiten, ihn zu ersehnen, sich auf ihn zu fixieren, geht es ums Loslassen. Und damit darum, Raum zu geben, damit sich Ihre natürliche Lust und Liebe wieder in Ihrem Körper ausbreiten können.

Der neue Sex kennt das Geheimnis, dass sich unsere Körper ganz von selbst und natürlich in einer Art Magnetismus aufeinander zubewegen – sofern wir ihnen die Führung überlassen und aufhören, dem Geheimnis angestrengt hinterherzujagen. Sofern wir sie vom Orgasmusdruck befreien und ihren feinen Signalen wieder zuhören, statt zu versuchen, ihnen mit allen möglichen Stimulanzien auf die Sprünge zu helfen.

Wie das ganz praktisch geht, das werden wir in den nächsten Punkten zum Thema noch vertiefen. Jetzt zu Beginn braucht es von Ihnen nur die Bereitschaft, die Signale Ihres Körpers auf eine neue Art zu verstehen. Wenn er nicht so funktioniert, wie Sie es sich wünschen, dann ist er nicht falsch. Dann zeigt er Ihnen nur, dass Sie sein Geheimnis noch nicht kennen. Dann gilt es, ihm zu vertrauen und für ihn einzutreten. Genauso gilt: Wenn Sexualität in Ihrem Leben oder in Ihrer Beziehung gerade oder schon länger ein Problem ist, dann sind Sie oder Ihr Partner nicht falsch. Dann ist es lediglich Zeit, sich vom alten Sex und von all Ihren Vorstellungen zu verabschieden.

»Liebe dich selbst« ganz praktisch

Fragen Sie sich, was Sie wollen: weiterhin Ihren alten oder einen neuen Sex? Wenn Sie den neuen Sex wollen, dann braucht es meist einen mutigen ersten Schritt: Sie müssen die Bremse beim alten Sex ziehen und Ihrem Partner reinen Wein einschenken, dass Sie so nicht mehr weitermachen wollen. Erst mal stopp sagen!

Der neue Sex

W ie funktioniert der neue Sex? Dazu braucht es erst noch einmal einen kurzen Blick auf den alten. Wenn wir nicht gerade frisch verliebt sind oder am Anfang einer geheimnisvollen Affäre stehen, wo jede unserer Zellen vor Lebendigkeit vibriert und all unsere Türen für Lust und Liebe offen stehen, dann ist Sex oft leider vor allem eines: zielorientiert. Und damit geht das ganze Dilemma los. Wir müssen etwas schaffen, erreichen, machen, um zum Ziel, dem Orgasmus, zu kommen. Im besten Falle gibt es ein Vorspiel. Aber auch das hat nur den einen Zweck, das, was danach kommt – das Hinarbeiten auf den Orgasmus –, zu erleichtern. Im alten Sex dreht sich vieles um mechanische Bewegungen. Da geht es um Spannung und Aufregung. Beide herrschen von Natur aus aber meist nur zwischen Fremden, nach Streit oder zwischen zwei Leuten, die Distanz zueinander haben.

Kommen wir uns näher, wird es friedlicher, vertrauensvoller und harmonischer – dann ist es oft vorbei mit dem Knistern und dem Begehren. Nun braucht es Vorstellungen, Fantasien, Hilfsmittel oder Pornos zum Nachwürzen. Meist muss dann aber auch noch im Laufe der Beziehung die Dosis kontinuierlich erhöht werden, damit die Spannung nicht abflaut. Haben wir auf all diesen Wegen am Ende endlich unser Ziel –

die wenigen Sekunden von Orgasmus oder Ejakulation – erreicht, dann gibt es danach oft Müdigkeit, Traurigkeit oder Erschöpfung. Wir fühlen uns nicht erfüllt, sondern leer.

Sackgasse auf der ganzen Linie also. Es sei denn, Sie akzeptieren das scheinbar Unakzeptabelste von der Welt: Wenn wir länger zusammen sind und uns wirklich näherkommen, geht die Spannung weg. Prima, sagt der neue Sex. Endlich sind wir da angekommen, wo es richtig losgehen kann.

»Liebe dich selbst« ganz praktisch

Wie wäre es, wenn Sie mal nichts tun für die Spannung? Und sich stattdessen mit Ihrem Partner einfach dazu verabreden, sich etwas Zeit zu nehmen und entspannt nebeneinander aufs Bett zu legen, damit jeder in seinem eigenen Körper nachspüren kann? Einfach so. Aufmerksam und wahrnehmend. Wie fühlt es sich an? Im Rücken. In der Brust. Im Unterleib … Kribbeln. Spannung. Ruhe … Was für Gefühle sind da? Anspannung. Erregung. Angst. Neugierde … Für den zweiten Schritt braucht es meist einen kleinen inneren Schubs zur Überwindung: Bleiben Sie jeder so bei sich und im Körper verankert und teilen Sie Ihrem Partner mit, wie es Ihnen gerade wirklich geht. Einer redet. Und der andere hört ruhig und aufmerksam zu. Es kann gut sein, dass Ihnen Dinge bewusst werden, die Sie lange verdrängt haben. Es kann sein, dass Abwehr, Hemmungen oder Ohnmacht aufsteigen.

Das alles ist in Ordnung. Es war vorher schon da. Jetzt wird es

Ihnen nur bewusst. Wenn Sie es liebevoll annehmen, kann es langsam heilen, und Sie können sich immer mehr entspannen. Das ist eine der wichtigen Nebenfunktionen des neuen Sex. Er sorgt für immer mehr Bewusstheit und damit auch für Heilung. Bei diesem Ausprobieren fühlen sich die meisten von uns erst mal hilflos und verletzlich. Aber freuen Sie sich, diese Gefühle sind sichere Indizien, dass Sie sich gerade in Gefilde tieferer Nähe bewegen.

Sie können sich im nächsten Schritt, wenn es für beide passt, auf eine bequeme Art miteinander körperlich verbinden. Für den Anfang ist es angenehm, wenn der Mann auf der Seite liegt und die Frau auf dem Rücken in einem rechten Winkel zu ihm, die Beine wie Scheren ineinander. Es geht jetzt nicht darum, dass Sie Lust haben. Es ist völlig in Ordnung, wenn Sie erst mal keine haben. Verbinden Sie sich einfach ruhig und spüren Sie wieder nach.

Wichtig bei dieser Annäherung an den neuen Sex ist es, dass Sie sich auf Entzug setzen von allen erregenden Fantasien, Vorstellungen und Idealen. Sie lernen, wieder hier im Moment, im Körper zu landen und sich ohne stimulierende Gedanken, Ziele und Fantasien zu lieben. Das fühlt sich vielleicht erst mal befremdlich und sicher kühler an.

Spüren Sie einfach eine Weile in Ihren Körpern nach. Es kann sein, dass Gefühle aufsteigen, die nichts mit Sex zu tun zu haben scheinen. Es kann sein, dass im Körper von selbst kleine Bewegungen auftauchen. Es kann sein, dass Sie von Müdigkeit übermannt werden und große Erschöpfung in Ihrem Körper entdecken. Was auch immer kommt, das A und O beim neuen Sex lautet: zulassen.

Das kann am Anfang langweilig, frustrierend oder irritierend sein. Es kann sein, dass sich ohne den Druck zarte, tiefe oder völlig neue, wunderbare Empfindungen zeigen, nach denen Sie sich schon ewig gesehnt haben. Alles ist gut und richtig. Denn wichtig beim Einstieg in den neuen Sex ist erst mal nur, dass Sie sich tiefer kennenlernen, bewusster in Ihren Körper hineinspüren lernen und seine Impulse wieder zulassen. Von da aus können Sie sich Schritt für Schritt in ein neues Abenteuer miteinander bewegen und alle Ängste und Begierden hinter sich lassen. Langsam können Sie so eine neue natürliche, entspannte Lust an der Liebe entdecken.

Die Fallen beim neuen Sex

Unterwegs in den neuen Sex gibt es einige Fallen. Eine große Gefahr für viele Frauen ist es, dass sie sich für falsch halten, weil sie nur schwer, vielleicht gar nicht zum Orgasmus kommen oder weil sie beim alten Sex gar nicht den Spaß und die Erregung fühlen, die sie scheinbar fühlen sollten. Keine Sorge: Alles ist in bester Ordnung mit Ihnen. Es gibt eine Faustregel für den Unterschied zwischen den männlichen und weiblichen Systemen, und die lautet: So schnell wie die Männer, so langsam sind die Frauen.

Das sagt allerdings nichts über besser oder schlechter aus. Denn oft können die Männer zwar leichter und schneller zu einem Höhepunkt kommen. Aber viele haben auf diesem Weg lediglich eine Ejakulation und sind weit entfernt von den tiefen Erfahrungen im ganzen Körper, die viele Frauen beim Orgasmus erleben und die bei einem neuen, bewussteren Zugang zum Sex auch für Männer möglich sind.

Wenn Sie sich als Frau also für falsch halten wegen Ihrer wachsenden Lustlosigkeit, Ihrer Empfindlichkeit, Ihrer Schamgefühle, Ihrer Traurigkeit und Verspannung davor oder danach, wenn Sie dieses ruhelose Gefühl in Ihrem Körper nicht verstehen, dass Ihnen etwas Unerklärliches fehlt – seien Sie sich sicher, mit Ihnen ist alles in Ordnung. Wenn

Sie sich langsam aus der alten Sexualität herausgeschlichen haben oder ohne Lust mitspielen, wenn Sie sich taub und von Berührung unberührt fühlen – dann sind Sie nicht falsch und nicht krank. Ihr gesamtes System hat sich einfach nur vor etwas verschlossen, was ihm so nicht guttut. Und vielleicht hat es ihm schon lange Zeit immer wieder nicht gutgetan, auch wenn andere behauptet haben, dass es gut sein sollte.

Wenn Sie über längere Zeit mangelndes Einfühlungsvermögen, Besitzdenken, Eifersucht, Verrat, Unsensibilität oder Übergriffigkeit erlebt haben, dann verschließt sich das innere System. Wenn Sie es nicht besser wissen, dann bleibt Ihnen nur noch Rückzug von körperlichen Empfindungen, Scham und Misstrauen dem eigenen Körper gegenüber oder Anpassung und Vorspielen von Lust.

»Es ist eine wesentliche Grundregel: Wirklich öffnen kann sich Ihr Körper nur, wenn sich auch Ihr Herz öffnen kann.«

Eine der bevorzugten Männerfallen ist es, dass Sie sich sagen: Ich brauch das alles nicht. Wozu soll ich mich auf einen neuen Sex einlassen und die Lust neu entdecken – ich habe einfach immer Lust. Sie sind überzeugt: Das mit dem Sex ist nicht Ihr Problem. Sie sind ein Macher. Bei Ihnen geht's immer. Der Sex kreist den ganzen Tag durch Ihren Kopf.

Trotzdem Hand aufs Herz: Auch wenn es bei Ihnen auf den ersten Blick lockerer und saftiger zugeht, wenn Sie zu den scheinbar immer Könnenden, Nimmersatten in Sachen

Sex gehören – mal ehrlich: Wie geht es Ihnen denn danach? Vielleicht erst mal kurz entspannt. Der Druck ist weg. Aber dann? Ist da nicht schnell wieder diese Leere? Dieses Gefühl, nicht satt zu sein? Doch noch immer mehr zu brauchen? Ob Sie sich das nun eingestehen wollen oder nicht. Wenn Sie immer mehr, immer neue Fantasien, immer neue Pornos oder Gespielinnen brauchen, dann entspringt auch das, ehrlich gesagt, nicht Ihrer überragenden Potenz, sondern Ihrer unbewussten Suche nach Nähe und Anerkennung. Sie resignieren zwar nicht wie die Lustlosen, Sie kämpfen lieber und sind getrieben – aber oft auch sehr abhängig vom Sex wie von einer Droge.

Wenn der Sex zur Gier wird, dann suchen Sie in Wahrheit mit aller Macht nach Verbindung, die Ihnen vielleicht nie zuteilwurde. Sie suchen mit dem Unterleib nach etwas, was Sie nur mit dem Herzen finden können. Und deshalb müssen Sie sich auf dem Weg zum neuen Sex erst mal Ihrem Herzen zuwenden. Genau darauf warten die Frauen sowieso die ganze Zeit. Kaum eine Frau sehnt sich wirklich nach dem großen Performer. Die Frauen sind frustriert und zickig, weil sie keine echte Nähe mehr im Bett spüren.

Was ist das für ein Gefühl – keine Performance mehr bringen zu müssen? Einfach mal loslassen und runterkommen – und dann womöglich auch noch mehr im Körper zu erleben als bisher. Klingt doch irgendwie gut, oder? Aber bevor Sie sich zu früh freuen – um eines kommen Sie dann nicht herum, sich endlich mal auf Ihre Frau und Ihr Herz näher einzulassen.

»Liebe dich selbst« ganz praktisch

Machen Sie nichts, außer regelmäßig den neuen Sex zu üben. Das gilt für die rastlosen Männer genauso wie für die Frauen in ihren Schneckenhäusern. Üben Sie. Ganz egal, ob die Lust da ist. Verabreden Sie sich dazu, sich einfach hinzulegen, nachzuspüren, wahrzunehmen, sich auszutauschen und sich langsam von den Körpern überraschen zu lassen. Teilen Sie diesen Prozess wieder und wieder miteinander, geben Sie sich dafür Zeit – und eine neue, entspannte, aber viel erfüllendere Sexualität kann sich entwickeln.

Wie der neue Sex Ihr Leben verändert

Vielleicht fragen Sie sich nach diesen letzten Kapiteln: Neuer Sex heißt das jetzt also – sich hinlegen, abwarten und nichts tun? Klingt nicht wirklich aufregend und verlockend. Da sind sicher viele Männer weg, bevor es überhaupt losgehen kann.

Sich hinlegen, abwarten, nichts tun – das ist natürlich nur der Anfang. Wenn Sie Fahrradfahren lernen wollen, müssen Sie auch zuerst mal das Gleichgewicht halten können, bevor Sie freihändig losdüsen. Wenn Sie wirklich wieder die Kraft, die Süße, die tiefe Verbundenheit und heitere Befreitheit, dieses völlige Loslassen im Sex erleben wollen, dann müssen Sie zuerst das Wahrnehmen Ihres Körpers und das Zulassen Ihrer Gefühle lernen. Deshalb der langsame Einstieg in den neuen Sex, wie wir ihn bis hierher beschrieben haben.

Wenn Sie wirklich etwas Echtes im Körper und nicht nur eine Fantasie im Kopf erleben wollen, dann geht es darum, dass Sie lernen, präsent und wirklich hier zu sein, ganz egal, was passiert. Und seien Sie sich sicher: Auf dem Weg in den neuen Sex kann alles Mögliche aufkommen, wovor Sie normalerweise die Flucht ergreifen: Emotionsschübe, Auseinandersetzungen und vielleicht sogar nicht ganz so angenehme physische Erfahrungen.

Die ewige Jagd nach dem Höhepunkt hat jede Menge Spannungen in unseren Körpern hinterlassen. Die klassische Reibung und hitzige Übererregung macht uns mit den Jahren tauber, unsensibler und verspannter. Bei Männern führt das zu Unempfindlichkeit und Überladung. Im Bett zeigt sich das oft als frühzeitige Ejakulation oder auch als Impotenz. Bei den Frauen führt es zu Empfindungsarmut, emotionaler Überreiztheit und dazu, nicht mehr loslassen zu können. Oder in die entgegengesetzte Richtung, dass sie in ihrer Sexualität nur immer männlicher werden und sich total im Machen verlieren.

> *»Leider gibt es eine Milchmädchenrechnung, die Sie kennen sollten: Wenn ich vor dem einen Gefühl abhaue, weil es mir zu schwierig erscheint, kann ich das andere nicht erleben, auch wenn es mir noch so erstrebenswert erscheint.«*

Das alles will auf dem Weg in den neuen Sex erst mal angenommen und verstanden werden. Damit es heilen kann, ist es wichtig, dass wir uns langsam von der Sucht oder Suche nach Erregung verabschieden. Es braucht Übung, sich von der Erregung nicht einfach mitreißen zu lassen. Und es braucht Übung, nicht in Fantasien abzudriften, sondern bewusst beim Körper zu bleiben und für ihn zu sorgen, wenn er sich verschließt.

Das ist mir zu viel, denken Sie sich, da bleib ich doch beim alten Sex oder lass ganz die Finger von diesem Thema? Als

Mann wollen Sie um Gottes willen jetzt keine Diskussion im Bett, keine Tränen und keine Konfrontation mit Hemmungen oder Versagensängsten? Dann aber nehmen Sie sich gleichzeitig die Chance auf mehr Nähe mit und mehr Öffnung und Lockerheit von Ihrer Partnerin. Als Frau wollen Sie nicht wieder Berührungen erleben, die sich nicht gut anfühlen? Sie möchten nicht mehr fühlen müssen, dass Sie in Ihrem Körper kaum noch etwas spüren? Hier gilt das Gleiche: Wenn Sie sich nicht einlassen und endlich die Regungen Ihres Körpers annehmen, ihnen vertrauen und sie mit Ihrem Partner teilen, kann sich nichts verändern. Also sollten Sie es lieber wagen, oder?

Wir können Ihnen hier im Rahmen unseres Kurses in Sachen Beziehungsglück nur einen ersten, kleinen Einstieg in den neuen Sex zeigen. Vielleicht haben Sie noch unzählige Fragen. Aber vertrauen Sie darauf: Ihr Körper weiß genau, was er braucht. Und Sie wissen es bald auch, wenn Sie ihm zuhören.

Das braucht Zeit, Mut, Geduld und Übung. Aber auf einmal genießen Sie die vielen Empfindungen unterwegs auf diesem Weg. Die Fixierung auf einen Höhepunkt rückt weiter in den Hintergrund. Einfach weil Sie entdecken, wie erfüllend es ist, die vielen Momente hier und jetzt auszukosten, statt einem einzigen Moment in der Zukunft angestrengt oder in Fantasien verloren hinterherzujagen. Und schließlich: Danach fühlen Sie sich immer öfter ganz erfüllt, ruhig, kraftvoll und verbunden. Und das strahlt auf Ihr gesamtes Leben aus.

»Liebe dich selbst« ganz praktisch

Nehmen Sie das Tempo raus, so gut Sie können. Bewusst und tiefer zu atmen, unterstützt Sie dabei. Bleiben Sie beim neuen Sex und versuchen Sie immer deutlicher mitzukriegen, was guttut und was Sie rausbringt. Und reden Sie miteinander. Das braucht Mut und geht am Anfang vielleicht auch mit Schamgefünlen einher. Aber es ist der Weg, auf dem die Körper sich wieder entspannen und für neue, tiefere Erfahrungen öffnen.

Sucht oder Liebe?

*D*as Wichtigste, das Sie für die Liebe und für eine erfüllende Beziehung tun können: Lernen Sie Ihre eigenen Kraftquellen kennen. Denn Sie sind für Ihr Wohlergehen selbst verantwortlich. Und deshalb ist es so wichtig, dass Sie herausfinden, was Ihnen wirklich guttut und wie Sie sich selbst nähren können. Da gibt es allerdings auch gleich eine große Falle, in die Sie hineintappen können. Nämlich wenn Sie Ersatzbefriedigung mit Sich-Nähren verwechseln, nicht nur in Sachen Sex. Mit einer Tüte Chips vor dem Fernseher zu sitzen, mag sich nach einem stressigen Tag oder einem Streit vielleicht entspannend anfühlen. Aber es nährt Sie nicht und tut auch Ihrem Inneren nicht wirklich gut. Ebenso wenig wie die Tour um die Häuser mit den Kumpels bei stetig steigendem Alkoholpegel.

In Ihrem Inneren gab es schon immer und gibt es auch jetzt das Wissen um das, was Sie wirklich kräftigt. Was Ihnen wirklich guttut. Und was Sie wirklich nährt. Um mit diesem Wissen in Kontakt zu kommen, braucht es Ihre Bereitschaft, den kleinen inneren Signalen mehr Aufmerksamkeit zu geben und achtsamer in den kleinen alltäglichen Abläufen zu sein.

Wenn Sie vor dem Fernseher sitzen, sind Sie komplett

von sich abgelenkt, Ihre ganze Aufmerksamkeit ist vom virtuellen Geschehen auf dem Bildschirm absorbiert. Wenn Sie nebenbei noch eine Tüte Chips killen, dann kriegen Sie auch nicht mit, was Ihr Körper gerade will. Im Gegenteil, die Impulse, die er vielleicht gibt, werden einfach zum Schweigen gebracht, indem Sie mechanisch Chips nachlegen, statt sich innerlich zu spüren. Und wenn Sie immer lustiger werden, je höher der Alkohol- und der Lärmpegel ausschlagen, dann einfach deshalb, weil Sie sich künstlich enthemmen. Was Sie wirklich froh macht, Ihnen tiefe Freude und Ihr Herz tatsächlich zum Hüpfen bringt, bekommen Sie in diesem Zustand kaum noch mit.

> *»Manchmal braucht es ein bisschen Disziplin, sich wieder raus an die frische Luft oder morgens früher aus dem Bett zu bringen. Manchmal braucht es Rückzug: Ich möchte einfach etwas Musik hören. Und manchmal gehört Mut dazu: Kannst du mich mal in den Arm nehmen, das fehlt mir gerade so.«*

Sorry, aber das ist wieder der Spaßbremsenteil: Dass Entspannung und Freude nicht im Kontakt mit Ihrem inneren Wesen sind, erkennen Sie, wenn Sie etwas wie Alkohol, Fernsehen, Pornos, Sex oder Essen brauchen, um in einen bestimmten Gefühlszustand oder in die Entspannung zu kommen. Sie sind abhängig von etwas da draußen, das Ihnen über die unangenehmen Gefühle im Inneren hinweghelfen soll. Das zweite sichere Indiz, dass Sie auf der falschen

Fährte sind: Es geht Ihnen nachher schlechter als vorher. Der dicke Kopf nach der Feier. Die Speckröllchen nach der Fressattacke. Leere oder unstillbare Gier nach Sex und Pornos. Unruhe und Einsamkeit, wenn der Fernseher nicht mehr läuft. Bert ist ein Beispiel dafür. Seine Frau wollte sich von ihm trennen, weil sie es nicht mehr aushielt, dass er im Alltag keine Gefühle zeigte, aber auf Partys stets viel trank und dann ausgelassen mit anderen Frauen flirtete. Er schob es auf die Kontrolliertheit seiner Frau, dass er ihr seine Gefühle nicht zeigen könne. Er sei eigentlich ein lockerer Mensch. Im Laufe der Gespräche entdeckte er aber, dass er den Alkohol brauchte, um seine Gefühle in Fluss zu bringen. Irgendwann war er bereit zu einer Party ohne Alkohol. Er musste feststellen, dass er still am Rand saß und Frauen gegenüber unsicher war. Er merkte, dass es auch in ihm jede Menge Kontrolle und Verletzlichkeit gab, die er bisher nur an seiner Frau gesehen hatte. Bert brauchte erst den Druck der Krise und dann den Mut, sich selbst ins Gesicht zu schauen. Und schließlich viele kleine Schritte, seine Gefühle ohne Alkohol wieder ins Leben zu bringen.

»Liebe dich selbst« ganz praktisch

Wenn Sie wirklich herausfinden wollen was Ihnen guttut: Werden Sie still und geben Sie sich Raum für mehr Alleinsein und kleine Bestandsaufnahmen. Vielleicht gönnen Sie sich am Anfang nur mal einen Spaziergang in der Natur oder täglich fünf Minuten ganz bewusst für ein Rendezvous mit Ihnen selbst. Hauptsache, Sie tun es wirklich für sich und erspüren in dieser Zeit sich selbst.

Fragen Sie sich: Wann habe ich mich das letzte Mal von innen heraus wirklich gut gefühlt? Stellen Sie sich eine konkrete Situation vor und forschen Sie nach, was die Bedingungen und Auslöser für Ihr Wohlgefühl waren: Was brauche ich tatsächlich, um mich in der Seele gut und im Körper lebendig zu fühlen?

Und dann beginnen Sie, sich kleine Räume zu schaffen, in denen Sie sich wieder nähren und sich guttun. Dazu gehört manchmal ein Nein zu den anderen aus Liebe zu sich selbst. So ein Prozess kann sich am Anfang wie Folter anfühlen – aber er lohnt sich, und bald wird es Ihnen umso besser gehen.

Achtsamkeit – der geheime Genuss des Alltagslebens

*B*eim letzten Teil haben Sie sich vielleicht gefragt, ob das jetzt die Beziehungstipps von zwei vertrockneten, weltfremden Oberlehrern sind, die predigen: keine Chipsorgien, keine Fernsehabende auf der Couch, kein Um-die-Häuser-Ziehen mit den Jungs, keine feuchtfröhlichen Abstürze, kein gieriger Sex und keine Pornos.

Nein, das predigen wir nicht. Gegen all das ist nichts zu sagen. Wenn Sie mal vor dem Fernseher hängen, bei der Feier der Letzte sind oder beim Sex nach Abenteuer suchen – alles kein Problem. Hier geht's nicht um Moral. Um gut oder schlecht. Hier geht's nur darum, wie Sie wirklich erfüllenden Genuss finden. Und der hat einzig mit einer Sache zu tun: mit Ihrer Fähigkeit, sich ganz auf den Moment einzulassen.

Erinnern Sie sich noch an diesen Kuss, als Sie frisch verliebt waren? Sie waren einfach total bei der Berührung Ihrer Lippen, mit jeder Zelle Ihres Körpers. Sie haben sich nicht nebenbei einen Kuss reingezogen. Sie sind auch nicht in Gedanken abgedriftet. Nichts hätte Sie ablenken können. Dieser Kuss ging durch Sie durch von der Haarspitze bis zu den Zehen. In diesem Moment gab es einfach nur den Kuss. Sie haben ihn ganz und gar geliebt und gelebt, diesen Kuss.

Schade, dass es mit diesen ersten Küssen, der ersten Berührung, dem ersten Sex nicht immer weitergeht. Wir gewöhnen uns an das alles, auch an die Anwesenheit unserer Partner. Und dann verliert alles seine Tiefe, und wir suchen nach immer mehr, nach Neuem oder nach Kompensation.

Tatsächlich verliert alles den Zauber des Anfangs. Und vieles Schöne verwandelt sich in eine Sucht. Es sei denn, Sie kennen das Geheimnis der Achtsamkeit. Wie dieses Geheimnis funktioniert? Verschenken Sie Achtsamkeit im Alltag. Dann schenkt die Achtsamkeit Ihnen Liebe, Schönheit, Intensität und alle möglichen kleinen und auch großen Genüsse.

Sie können durch Achtsamkeit eine neue Art von Genuss in Ihr Leben bringen, die Ihnen vielleicht Ihr ganzes bisheriges Leben lang, selbst mit dem tollsten Liebhaber, der heißesten Partnerin, verborgen geblieben war.

Bei diesem Genießen geht es darum, dass Sie bei kleinen Dingen ganz aufmerksam bei der Sache sind. Für einen Moment jegliches Tempo, jeglichen Druck und alles Verlangen herausnehmen und einfach ganz da sind. Was Sie auch tun, Sie sind total und vollkommen bei der Sache. Sie sind ganz Ohr, ganz Auge, ganz Geschmacksknospe …

Killen Sie nicht eine Tüte Chips nebenbei. Genießen Sie sie ohne jede Ablenkung. Oder noch besser: Gönnen Sie sich irgendetwas ganz besonders Leckeres: ein paar süße Kirschen, dieses unglaubliche Eis, den besonderen Wein, eine Ihrer Lieblingsblumen, dieses Lied, das etwas in Ihnen in Bewegung bringt. Und dann seien Sie einen Moment lang ganz da. Schmecken Sie, riechen Sie, lassen Sie es sich auf der

Zunge zergehen. Nehmen Sie den Duft der Blume tief in sich auf. Betrachten Sie aufmerksam ihre Blüte, ihren Stängel. Gehen Sie ganz auf in dem Musikstück. Hören Sie es nicht nur, spüren Sie die Töne in Ihrem Körper. Vielleicht sogar in Ihrer Seele.

Mit solchen kleinen Genusspausen wecken Sie Ihre Sinne auf. Sie werden wieder offener und empfänglicher. Ihr Leben wird intensiver, ohne dass es äußerlich spannender wird und Sie immer neue Kicks brauchen. Das ist das Geheimnis der Achtsamkeit, das Sie, wenn Sie es langsam für sich erschlossen haben, dann natürlich auch bewusst auf Ihre Partnerschaft übertragen können.

»Liebe dich selbst« ganz praktisch

Die Übungsmöglichkeiten sind schier unendlich, lassen Sie Ihrer Fantasie freien Lauf. Lernen Sie, wieder richtig zuzuhören, Ihrem Partner bewusst in die Augen zu schauen, beim Spaziergang seine Hand in Ihre zu nehmen und sie zu fühlen.

Oder: Sie kommen wie immer von der Arbeit nach Hause. Aber diesmal gibt es keine Routineumarmung mit dem obligatorischen Küsschen links und rechts. Diesmal sind Sie ganz da. Sie spüren die warme Haut des anderen. Sie berühren sie bewusst, nicht nur körperlich. Sie sind von Herzen da. Reden Sie vorher nicht darüber. Wenden Sie das Geheimnis der Achtsamkeit einfach ein paar Tage still, aber mit allen Sinnen an und lassen Sie sich überraschen, was passiert ...

Du und *ich* – und der, die oder das Dritte

Fremdgehen – das Todesurteil für jede Beziehung? Keinesfalls. Es ist die Chance, sich in der Tiefe mit sich selbst, seinen Wünschen und wahren Bedürfnissen zu befassen, egal, wer man im schmerzlichen Dreierbund gerade ist.

Fremdgehen I:
Es gibt keine Gewinner

*B*eziehungsroutine, Ehealltag, alles läuft im gewohnten Trott … Und auf einmal erfahren Sie, dass Ihr Partner sich verliebt hat. Sie finden heraus, dass es einen heimlichen Dritten gibt. Schock! Ihre Welt geht unter! Alles vorbei! Die meisten Menschen sagen: Fremdgehen? Das ist natürlich das Ende der Beziehung.

Wir sagen: Nein. Fremdgehen, richtig verstanden, macht einen echten Neuanfang möglich. Dazu müssen Sie bereit sein, die Wahrheit zu schlucken: Ihre ursprüngliche Beziehung war bereits vor der Affäre ausgehöhlt, sonst hätte ein Dritter gar keinen Platz gehabt.

Aber auch wenn Sie in der Rolle des Dritten im Bunde sind, braucht es Mut zur Wahrheit: Mögen Sie gerade auch noch so voller Sehnsucht sein, darunter verborgen gibt es große Angst vor echter Nähe und Verbindlichkeit, sonst wären Sie nicht in einer solchen Konstellation gelandet.

Auf eine gewisse Art sind in einer Dreiecksbeziehung alle gefangen und nicht in der Lage, eine echte Bindung einzugehen. Deswegen sollten Sie sich auch vor voreiligen und klischeehaften Schuldzuweisungen hüten. Nach dem Motto: die arme Betrogene … der rücksichtslose Fremdgänger … die Geliebte, die eine Ehe zerstört … Es braucht meist ein ziemliches Stück Arbeit für ein Paar, um zu erkennen, dass Fremdgehen nicht die Geschichte von einem bösen Übeltäter ist, der einfach seinen unschuldigen Partner hintergeht. Auch wenn es von außen betrachtet leicht so aussieht. Der, der fremdgeht, ist nicht schuld. Und er ist auch ganz und gar nicht der coole Hecht, der sich einfach nimmt, was er braucht.

Wenn das Ihre Position im Dreiecksgeschehen ist, fragen Sie sich ehrlich: Wie sehr und wie lange habe ich mich schon in meiner ursprünglichen Beziehung machtlos und abgeschnitten gefühlt? Wie lange suche ich schon irgendwo draußen nach Anerkennung? Wenn Sie fremdgehen, haben Sie tatsächlich nur oberflächlich betrachtet alle Fäden in der Hand. Erst mal im Dreieck gelandet, hängen Sie meist schnell in einer neuen Falle: Da ist dieses innere Hin und Her, das Sie fast zerreißt, weil Ihre beiden Partner jeweils immer nur die Hälfte dessen zu verkörpern scheinen, wonach Sie sich sehnen. Beim Geliebten finden Sie Leidenschaft, Lebendigkeit, Leichtigkeit, Seelenverwandtschaft. Aber zu Hause, da warten Sicherheit, Kinder, Erinnerungen, Vertrauen. Beides im Doppelpack scheint es nicht zu geben. Bleiben Sie in diesem heimlichen Hin und Her, laugen Sie sich aus. Entscheiden Sie sich aber für das eine, fehlt Ihnen das andere.

»Eine der Grundregeln von Dreiecksbeziehungen lautet: Es gibt immer zwei Arten von Ausstieg, den nach innen und den nach außen. Wenn einer ausbricht, hat der andere meist innerlich längst die Schotten dichtgemacht.«

Der Betrogene ist auch nicht das Opfer. Wenn Sie betrogen werden, sollten Sie sich als Erstes selbst eine Frage stellen: Wann bin ich innerlich ausgestiegen? Wie lange habe ich eigentlich schon keine Lust mehr auf diese Beziehung? Wie lange fehlt mir schon etwas?

Der Geliebte hat alles – der Betrogene nichts. Zu dieser einseitigen Sicht lassen wir uns nur allzu oft hinreißen. Aber wenn Sie sich gerade in der Rolle des Geliebten finden, dann bleibt Ihnen oft nichts anderes übrig, als einfach nur die andere Seite der Medaille zu spielen, die Gegenseite hat der Betrogene. Scheinbar haben Sie gerade alles, was der Betrogene schon so lange vermisst: Sie werden von seinem Partner begehrt, leben Sex und Leidenschaft mit ihm und bekommen seine kostbare freie Zeit.

Aber tatsächlich kommen Sie ja auch nicht ganz auf Ihre Kosten: Wie gern hätten Sie ein offizielles Bekenntnis und die Position des Betrogenen? Immer wieder plagt Sie die gleiche Sehnsucht: Ich würde alles dafür geben, wenn wir nur endlich ganz zusammen sein könnten … Wenn er nur endlich zu Hause bei seiner Frau auspacken würde … Wenn sie ihrem Mann nur endlich reinen Wein einschenken würde … Aber stimmt das wirklich? Wäre das wirklich die Lösung Ihrer Probleme? Wäre dann alles besser?

»Liebe dich selbst« ganz praktisch

Jeder der drei Beteiligten hat sich Fragen zu stellen, die ihn aus dem Dilemma hinausführen können. Im Falle des Geliebten heißt das: Vor allem, wenn Sie sich immer wieder zu Menschen hingezogen fühlen, die in festen Beziehungen leben und nicht wirklich zur Verfügung stehen, oder wenn Sie schon lange die Rolle des Geliebten in einer Dreiecksbeziehung haben, die sich nicht bewegt, brauchen Sie dringend Mut. Den Mut, tiefer in Ihr Inneres einzutauchen, wo Sie wahrscheinlich auf handfeste Bindungsangst und eine Tendenz zur Idealisierung und Überfrachtung von Beziehung stoßen.

Fremdgehen II:
Erst drei machen die Sache rund

Eine erste, harte, aber heilsame und zentrale Lektion beim Fremdgehen lautet: Der Geliebte bringt genau das in die Beziehung, was die beiden Partner aussparen. Stellen Sie sich Ihre Partnerschaft wie eine Torte vor: Am Anfang ist sie komplett. Aber mit der Zeit gibt es Verletzungen, Missverständnisse und Bequemlichkeit. Die Dinge klappen nicht mehr so wie einst erhofft: Der Sex, die Zärtlichkeit, die Gespräche, gemeinsame Interessen – die ersten Tortenstücke fehlen. Es entstehen Lücken, die gefüllt werden müssen, damit sich die Beziehung wieder rund anfühlt.

Entweder fangen Sie und Ihr Partner jetzt an, die fehlenden Tortenstücke Ihrer Beziehung von innen heraus zu kompensieren: Die Leidenschaft geht in den Beruf, ins Hobby oder die Kinder. Echte Gespräche werden mit der Freundin geführt. Abenteuer mit den Kumpels erlebt. Oder aber das fehlende Tortenstück kommt irgendwann von außen vorbei. So bitter es klingt – aber oft wird die Beziehung in dem Moment komplett, wo ein Dritter dazukommt und die Lebendigkeit mit all ihren Spannungsfeldern und Herausforderungen hereinbringt, die den beiden abhandengekommen ist.

Deshalb löst ein heroischer Schlussstrich das Problem auch nicht wirklich. Es nützt nichts, wenn Sie als der Betrogene Ihren Partner einfach nur zwingen, seine Affäre aufzugeben. Damit ist das Problem in Ihrer Beziehung noch lange nicht gelöst, sondern nur abgekappt.

Vielmehr lautet Ihre wichtigste, wenn auch ziemlich herausfordernde Aufgabe im Moment: Schauen Sie sich den Menschen, mit dem Ihr Partner eine Affäre hat, so genau Sie können an. Finden Sie heraus, wer er ist und was er in das Leben Ihres Partners bringt. Und seien Sie auch bereit herauszufinden, was dieser Mensch mit Ihnen zu tun haben könnte.

»Mit jedem Schritt, den Sie für sich tun, mit dem Loslassen von leeren Rollen, Kontrolle und Urteil schaffen Sie Raum, in dem Ihre Beziehung von innen an Kraft gewinnt und Ihr Partner sich neu auf Sie zubewegen kann.«

Wie bitte? Der Geliebte und ich? Der Schweinehund! Die Schlampe! Mit mir? Klar, da ist Abwehr die normale Reaktion. Erlauben Sie sich die ganze Wut und Ohnmacht. Aber dann gehen Sie einen Schritt voran und konfrontieren Sie sich mit der Tatsache: Wenn es bei Ihnen in der Beziehung Sie einen Dritten im Bunde gibt, dann zeigt der Ihnen als dem Betrogenen, was Sie nicht (mehr) leben.

Isolde traf es bis in ihr Innerstes, als sie entdeckte, dass ihr Mann fremdging, vor allem, als sie herausfand, mit wem er das tat. Die Geliebte ihres Mannes war rundlich, deutlich älter als sie und sah fast ein bisschen mütterlich neben ihrem Mann aus, als sie die beiden Arm in Arm aus einem versteckten Winkel erspähte. »Warum so eine unförmige, alte Kuh, die seine Mutter sein könnte?«, wollte die dynamische, attraktive Unternehmensberaterin in unserer Praxis wissen. Irgendwann kam ihr Mann mit und klärte sie resigniert auf: Weil er bei dieser anderen Frau Wärme und Zuneigung fände und eine Sinnlichkeit, in die er sich hineinfallen lassen könne. Für die beiden begann ein Prozess, in dem viel Unausgesprochenes auf den Tisch musste: Er vermisste Wärme und hatte das Gefühl, seine Frau sei eigentlich mit ihrer Karriere verheiratet und körperlich von Schönheits- und Fitnessidealen getrieben. Sie musste entdecken, dass sie sich als Frau irgendwann verloren hatte, weil sie eine perfekte Partnerin sein wollte. Erst nach vielen Tränen und der Aufklärung zahlloser Missverständnisse konnten die beiden entdecken, dass sie sich nach dem Gleichen sehnten: nach echter Nähe.

Auch wenn Sie betrogen werden, gilt »Liebe dich selbst«. Wenn Sie immer weiter verurteilen und drohen, muss sich Ihr Partner weiter von Ihnen wegbewegen. Auch wenn es schwer zu schlucken ist: Ihr Partner ist sicher auch deshalb aus der Beziehung herausgegangen, weil er von Ihnen schon länger unterschwellig oder offensichtlich nicht mehr akzeptiert wurde. Sie müssen das Dreiecksspiel nicht aushalten und mitspielen. Es geht nur darum, dass Sie loslassen lernen und sich äußerlich den Abstand eingestehen, den Sie innerlich zu Ihrem Partner schon länger haben. An diesem Punkt kann die Trennung in der Beziehung sehr hilfreich sein (ab Seite 172).

»Liebe dich selbst« ganz praktisch

Gestehen Sie sich ein: Da ist ein Mensch, der gerade vieles erlebt, wonach ich mich sehne. Ihre Aufgabe lautet: Wie muss ich mein eigenes Leben verändern? Was muss ich wagen, heilen, loslassen oder integrieren, damit ich zu der Lebendigkeit und Anziehungskraft zurückfinde, die der andere gerade mit meinem Partner lebt? Seien Sie sich sicher: Wenn Sie mit einer Affäre konfrontiert werden, geht es sicher darum, dass jede Menge Loslassprozesse und Wandlungen in Ihrem eigenen Leben anstehen, vor denen Sie sich bislang gedrückt haben.

Fremdgehen III:
Der Geliebte ist auch nur ein Mensch

Eine bewusst verarbeitete Affäre kann heilsam und im besten Sinne erweiternd auf eine Beziehung wirken. Vorausgesetzt beide Partner sind bereit, sich über die Schuldfrage oder die Idealisierung des Dritten hinauszubewegen und sich stattdessen die eigene, unbefriedigende Partnerschaft wirklich anzugucken. In dem Moment, in dem alles auffliegt, ist es kaum vorstellbar, aber die Affäre kann eine echte und wertvolle Chance für die Beziehung sein.

Also schauen Sie nicht auf den bösen Dritten, wenn Sie der Betrogene sind, sondern gestehen Sie sich ein, dass Sie auch schon lange keine Lust mehr auf all das hatten, was Sie und Ihr Partner da leben. Dass Sie gerade Angst haben, eine Beziehung zu verlieren, die tatsächlich schon lange leer ist. Jetzt geht es für Sie darum, sich endlich mit Ihren eigenen Bedürfnissen zu konfrontieren und für sie einzustehen, statt auszuhalten und ängstlich zu hoffen oder zu klammern.

Wenn Sie derjenige sind, der fremdgeht, hilft es Ihnen nicht, wenn Sie Ihre Affäre geheim halten. Sie steht zwischen Ihnen und Ihrem Partner, ob Sie nun darüber reden oder nicht. Wenn Sie sich vor der Konfrontation drücken und rumeiern, laugen Sie sich nur aus und unterschwellig alle

Beteiligten mit. Packen Sie dagegen aus, machen Sie endlich Platz für eine Entwicklung in Ihrem Leben. Indem Sie Ihren Partner mit der Wahrheit konfrontieren, konfrontieren Sie ihn mit Ihren tatsächlichen Bedürfnissen. Das sorgt erst mal für Verletztheit und ziemliches Chaos, aber es ist auch die Chance für einen echten Neuanfang.

Außerdem sollten Sie aufhören, sich in Zukunftsträume einer idealen, neuen Beziehung zu flüchten. So anziehend, leidenschaftlich, frisch, berauschend, perfekt, fürsorglich, seelenverwandt Ihr Geliebter auch auf Sie wirkt, er ist nur ein völlig normaler Mensch, mit dem Sie gerade einen Teilbereich Ihres Lebens leben, der Ihnen so schrecklich lange gefehlt hat. Aber auch er hat Defizite und Bindungsängste und wird es Ihnen auf Dauer ebenfalls nicht recht machen können, wenn Sie jetzt nicht Ihr eigenes Leben aufräumen.

> *»Nachdem wir schon unzählige Male mit Menschen in Dreiecksbeziehungen gearbeitet haben, können wir Ihnen versichern: Der Weg zurück zu echter Nähe und Lebendigkeit mit Ihrem jetzigen Partner ist genauso weit wie der Weg mit Ihrem neuen Partner in ein verbindliches Leben, in dem Ihre Vergangenheit, Ihre Verpflichtungen, Ihr Alltagsleben und Ihre Kinder integriert sind.«*

Lassen Sie möglichst die Finger von einer Frage: »Welcher von beiden ist der Richtige für mich?« Das bringt Sie nur immer tiefer in die Sackgasse. Es geht nicht um den einen oder den anderen Partner. Denn keiner von beiden kann Ihnen das geben, was Ihnen fehlt. Mit dem einen Menschen haben Sie schon Erfahrungen, wie es wird, wenn Sie sich arrangieren und nicht bereit sind zu persönlicher Entwicklung. Und mit dem anderen verbindet Sie Ihre Sehnsucht nach etwas Neuem, Besserem – aus dem Defizit im Gewohnten heraus.

Wenn Sie ein neues Leben wollen, geht es darum zu lernen, andere mit Ihrem Wesen, Ihren Träumen und Ihren Gefühlen zu konfrontieren. Es geht darum, in Ihrem Leben wieder mehr Raum für Ihre Leidenschaft zu schaffen. Wenn Sie sich darauf konzentrieren, wird sich unterwegs von selbst zeigen, wer von beiden wirklich bereit ist, sich mit Ihnen zu entwickeln und im Leben voranzugehen. Oder ob gerade die Zeit reif dafür ist, dass Sie erst mal allein vorangehen, um klarer und authentischer zu werden und neue Kräfte zu entwickeln, die Sie dann mit einem anderen Menschen teilen können. Im Moment zählt nur eines: Liebe dich selbst.

»Liebe dich selbst« ganz praktisch

Wenn Sie gerade aus der Beziehung ausbrechen, dann stellen Sie sich diese Fragen: Was hält mich davon ab, leidenschaftlicher, waghalsiger, unmittelbarer in meinem alltäglichen Leben zu sein? Was ist es, was ich in der Begegnung mit diesem neuen Menschen von mir entdeckt oder wiedergefunden habe? Und wie kann ich unabhängig von jedem anderen Menschen mein eigenes Leben so verändern, dass ich diese Qualitäten leben kann?

Ihre wahre Geliebte ist Ihr Beruf?

$\mathcal{U}$nter den »best of« der Beziehungskiller steht zwei-felsohne der Beruf ganz oben. Viele Partnerschaften haben oft nur noch die Funktion einer Rehaklinik, in die sich ausgelaugte, erschöpfte und von sich entfernte Menschen nach Feierabend schleppen, um dort wieder zu Kräften zu kommen.

Im Job geht alles – zu Hause nichts. Zehn Stunden und mehr am Tag – klar! Das ist halt so. Immer das Handy am Ohr, den Laptop aufgeklappt, bereitwillig jeden Termin an-nehmen. Das ist für Sie ganz normal. Aber einfach mal früher nach Hause kommen, um sich bewusst Zeit für die Zärtlich-keit zu nehmen? Das ist undenkbar.

Stellen Sie sich doch mal vor, wie Ihr Beziehungsleben wäre, wenn Statements wie diese ganz normal wären: Nein, ich kann diesen Termin leider nicht annehmen, ich habe heute ein wichtiges Gespräch mit meiner Frau. Ich habe heute keine Zeit für euch. Ich möchte in Ruhe mit eurem Vater kuscheln ... Ich trainiere heute Nachmittag nicht, ich tue meinem Körper lieber etwas wirklich Gutes und nehme mir ausgiebig Zeit für entspannten und genussvollen Sex ...

Sie können um die Wiederbelebung Ihrer Beziehung noch so bemüht sein – wenn Ihr Beruf oder der Ihres Partners wie ein Parasit alle Kräfte abzieht, dann sind die meisten Beziehungsrettungsversuche zum Scheitern verurteilt. Irgendwann nach einem ersten Aufräum- und Klärungsprozess brauchen Sie beide den Mut, Ihrer Partnerschaft Priorität zu geben und im Berufsleben Grenzen zu setzen.

Sie können diesen ganzen Kurs hier zigfach lesen und sogar auswendig lernen, Ihre Gefühle unter die Lupe nehmen, Ihre Kommunikation verändern, offener mit Ihrer Sexualität umgehen und alte Verletzungen aufarbeiten. Das alles führt Sie nicht über eine magische Grenze hinaus, wenn Sie ansonsten wie bisher weitermachen und Ihrem Beruf Ihre Sensibilität opfern. Wenn Sie sich zwangsläufig verschließen und verhärten, weil Sie dort mit immer härteren Bandagen kämpfen, dann überschattet das Ihre Partnerschaft natürlich und laugt Sie hinten herum aus, während Sie sich vordergründig um Genesung bemühen.

> *»Hier Ihr Job und da Ihre Partnerschaft – das klappt nicht. Wenn Sie hier nicht gut mit sich umgehen, tun Sie es da meist auch nicht. Wenn Sie sich im Job auslaugen, dann röchelt auch Ihre Partnerschaft mit letzter Kraft.«*

Wir wissen, dass der Beruf für viele von uns wie eine heilige Kuh ist. Selbstverständlich geht er immer vor. Und klar geht es dort um unsere Existenzgrundlage. Wir sagen hier deshalb auch nicht blauäugig: Schmeißen Sie Ihren Job hin, damit Sie endlich wieder Zeit und Kraft für Ihr Liebesleben haben. Wir sagen nur: Sorgen Sie für ein neues Gleichgewicht zwischen beidem und erkennen Sie, wie eng die Dinge beieinanderliegen.

Es braucht eine neue Sicht auf Beruf und Beziehung. Ganz kurz und verknappt gesagt geht es darum, wie Sie auch im Berufsalltag stärker aus einem inneren Gefühl von Authentizität und Selbstwert agieren können, statt überall nach Anerkennung und Mehrwert zu suchen. Es geht um die Frage: Was habe ich zu geben? Und nicht: Wo kriege ich das meiste raus?

Wenn Sie anfangen, »Liebe dich selbst« Einzug in Ihr Privatleben zu gewähren und damit Ihren Fokus von außen nach innen zu verschieben, dann müssen Sie das Gleiche irgendwann auch im Beruf tun. Sonst kommt Ihr Leben wieder in Schieflage. Auch beruflich kommen Sie irgendwann nicht mehr umhin, sich mehr auf sich selbst zu besinnen, andere mit Ihrem neuen Bewusstsein zu konfrontieren und sich zu fragen: Was sind meine wirklichen Talente, Qualitäten und Gaben? Und nicht: Was muss ich noch schaffen und erreichen?

»Liebe dich selbst« ganz praktisch

Bringen Sie »Liebe dich selbst« auch in Ihr Berufsleben ein. Lernen Sie, Grenzen zu setzen und von übermäßigem Sicherheitsdenken loszulassen. Übernehmen Sie wieder mehr Selbstverantwortung und vertrauen Sie Ihren natürlich in Ihnen angelegten Fähigkeiten und Bedürfnissen wieder mehr.

Die Überraschung dabei: Sie müssen nicht mehr an zwei Fronten kämpfen, Sie werden sogar mehr von Ihrem Partner unterstützt, weil er sich nun auch mehr von Ihnen unterstützt fühlt. Im Beruf gehen die Dinge auf einmal leichter, brauchen weniger Zeit und Kraft, und der Erfolg stellt sich auf natürliche Weise ein.

Der langsame Computertod der Liebe

*I*mmer mehr Frauen beschreiben den Extremfall: Das Internet hat unsere Ehe zerstört. Pornoseiten gehören mittlerweile zu den meistbesuchten Seiten. Und gerade im oft grauen Alltag von Langzeitbeziehungen beamen sich viele Männer per Mausklick in eine leicht zugängliche und aufregende Onlinewelt voller Sex und Abenteuer.

Vielleicht hat sich diese Internetwelt ja auch zwischen Sie und Ihren Partner geschlichen? Diese Welt mag leicht, spannend und entspannend zugleich sein – aber wenn Sie dorthin flüchten, machen Sie sich klar: Sie ist nur virtuell und lenkt Sie von den eigentlichen Problemen, die es real in Ihrem Sexleben und Ihrer Beziehung zu lösen gilt, ab. Da gibt es vielleicht Entladung und Enthemmung, aber keine Erfüllung. Die Pornos sind nur ein Extrem der oft fatalen Auswirkungen, die die virtuelle und mediale Welt heutzutage auf unsere Beziehungen hat. Wir berühren und spüren uns nicht mehr.

Britt kam zu uns, als bei ihr gerade Brustkrebs diagnostiziert wurde. In ihrer Ehe kriselte es heftig. Die Krankheit hatte sie aufgeweckt und ihr klargemacht, dass sie nicht mehr einfach so weitermachen könne, da sie mit vielem in ihrer Beziehung schon lange unglücklich war. Sie war resigniert, weil sie mit ihrem Mann nicht mehr reden konnte. Es gab kaum emotionale Nähe, und sie ließ zu, dass er fast jeden Tag stundenlang im Internet – regelmäßig auch auf Pornoseiten – surfte, sobald er zu Hause war. Sie hatte sich lange eingeredet, dass es besser sei, das wortlos zu dulden, weil er sich so abreagieren könne. Aber im Laufe unserer Arbeit gestand sich Britt ein, wie sehr sie die Pornosucht verletzte und welche Ausmaße dieses Thema längst angenommen hatte. Irgendwann konnte sie sich unter Tränen öffnen und ihrem ganzen Schmerz darüber Raum geben, dass die gemeinsame Sexualität immer stärker von grenzwertigen Fantasien ihres Mannes und nicht von echter körperlicher und emotionaler Begegnung bestimmt war. Sie merkte, wie sehr sie sich in Wahrheit von ihm benutzt fühlte und dass sich ihr Körper innerlich immer weiter verschlossen hatte. Regelmäßiger oder suchthafter Pornokonsum kann fatale Auswirkungen auf Beziehungen, die Sexualität und auf unseren Körper haben. Er zeigt mit Sicherheit am drastischsten, dass die virtuelle Welt uns oft in eine Sackgasse führt. Aber auch die scheinbar alltägliche elektronische und mediale Reizüberflutung kann zum Seelen- und Beziehungskiller werden.

»Pornos bringen Sie in den Kopf, und das ist nicht der Ort, an dem die Liebe stattfindet.«

Mal ehrlich: Kennen Sie auch so einen oder so einen ähnlichen Tagesablauf? Sie wachen morgens mit dem Radiowecker auf. Beim Frühstücken lassen Sie den Fernseher laufen oder lesen nebenbei die Zeitung. Bevor Sie aus dem Haus gehen, schauen Sie noch mal in die E-Mails. Auf dem Weg zur Arbeit sind Sie am Handy. Im Büro sitzen Sie vor dem Computer. Und abends surfen Sie durchs Internet oder zappen sich durchs Fernsehprogramm. An solch einem Tag hatten Sie vielleicht kein einziges Mal Kontakt zu sich selbst. Sie haben nicht gespürt, was Sie unmittelbar brauchen oder wie es sich im Körper anfühlt. Sie hatten einfach keine Beziehung zu sich selbst, waren mit Ihrer Aufmerksamkeit nur da draußen. Wie wollen Sie so eine Beziehung zu jemand anderem haben und wie ein anderer zu Ihnen? Wie soll da irgendwo zwischen Handy, Fernseher und Internet innere Nähe entstehen?

Wir erleben in unserer Arbeit immer wieder, dass viele Menschen überhaupt erst wieder lernen müssen, bei sich und in ihrem Körper anzukommen, bevor sie sich an alles Weitere in Sachen Partnerschaft machen können. Wie geht das: innerlich bei sich und in seinem Körper ankommen? Die besten Sachen, die wir dazu kennengelernt haben, sind ganz einfach: Stille, Tanzen und Meditation. Alle drei gehören fest zu unserem Alltag. Wir könnten uns ein Leben ohne sie gar nicht mehr vorstellen, weil wir wissen, wie entspannt, gelöst und genährt wir uns nach kleinen Pausen dieser Art fühlen. Aber wir wissen auch, dass viele sich da erst einmal herantasten und ihre Vorurteile oder Hemmungen überwinden müssen.

> *»Nur wenn ich in der Lage bin, meine Wahrnehmung nach innen zu verlagern und wirklich bei mir und in meinem Körper zu sein, kann ich meine Gefühle wahrnehmen. Dann kann ich spüren, was mir guttut.«*

Vielleicht sagen Sie sich ja auch: Was soll mir das bringen – Stille, Tanzen und Meditation? Wozu brauche ich so was? Unsere Antwort lautet: Um sich aus der äußeren Abhängigkeit zu lösen und die innere Unruhe und Spannung abzubauen, die Sie in Ihrer Partnerschaft nicht tiefer kommen lassen.

Sie glauben, Sie sind nicht unruhig, stehen nicht übermäßig unter Spannung, sind von nichts da draußen abhängig? Nicht nur Computer- und Handy-Junkies empfehlen wir einen Test. Gönnen Sie sich ein ganzes Wochenende offline, ohne all die elektronischen Spielzeuge. Und verbringen Sie es allein. Kein Handy, kein Fernseher, keine E-Mails, kein Surfen im Internet, keine Arbeit, kein Alkohol und keine ziel- und leistungsorientierten Hobbys. Sie sind einfach mit sich und genießen das Leben, sofern Sie sich dazu in der Lage fühlen. Für viele Menschen ist solch ein Wochenende aber erst mal kein Genuss. Sie fühlen sich eher wie ein Abhängiger auf Entzug.

Aber wenn Sie bereit sind, all das, was da in Ihnen spürbar wird, bewusst wahrzunehmen, ist das eine große Chance, mit sich selbst endlich wieder in Kontakt zu kommen. Dass dieses Ankommen in sich selbst am Anfang nicht angenehm ist, ist Teil des Rückkehrprozesses. Wir können Ihnen allerdings versichern: Wenn Sie sich wieder aufs Alleinsein und auf unmittelbare Empfindungen und innere Erfahrungen einlassen, dann wird Ihr Leben eine ganz neue Lebendigkeit und Tiefe bekommen.

»Liebe dich selbst« ganz praktisch

Die Light-Version: Nehmen Sie sich jeden Tag nur eine Viertelstunde Zeit fürs Zusammensein mit sich selbst, ohne jede Ablenkung, bei voller Präsenz. Vielleicht setzen Sie sich still hin und nehmen einfach nur Ihren Atem oder Ihren Körper wahr. Wenn Sie sich gern bewegen, machen Sie Musik an und bewegen sich einfach so, wie Ihr Körper es will. Wichtig ist nur: kein Ziel, kein Druck.

Unsere Erfahrung ist, dass es ganz viel Lebendigkeit und neue Nähe in eine Beziehung bringen kann, wenn Sie sich auch als Paar regelmäßig mitten im Alltag ein bisschen Zeit zum Tanzen geben. Keine Schritte, keine Formationen, die Hemmungen einfach in den Urlaub schicken – und genießen. Liebe findet im Körper statt.

Raus aus der Krise – rein ins Glück

Trotz allem Krisenstimmung?
Nicht verzweifeln! Eine Krise ist oft der Startschuss
für einen bewussten Neuanfang.
Den Runden auf der Achterbahn folgt dann
ein viel schöneres (Beziehungs-)Leben,
wenn Sie gelernt haben, sich selbst zu lieben.

Krisen sind gut für die Beziehung

Vielleicht glauben Sie ja auch, was die meisten von uns glauben: Dass Krisen ein Zeichen dafür sind, dass einfach nur etwas falsch läuft in der Beziehung. Durchaus nicht! Krisen sind gesund. Keine Partnerschaft wächst ohne Krisen! Allein dass Sie das akzeptieren, sorgt schon für Entspannung. Nehmen Sie einfach mal wahr: Ihre Beziehung ist vielleicht gerade in Turbulenzen geraten. Sie sind verunsichert, zweifeln, haben Angst… Aber wie wäre es, wenn die Schwierigkeiten dazu da sind, dass Sie wachsen? Ändert sich dann nicht schon etwas in Ihren Gefühlen?

Der erste Schritt aus einer Beziehungskrise ist der, dass Sie Ihre Sicht auf sie ändern. Die meisten von uns haben so viele Vorstellungen, wie eine ideale Partnerschaft zu sein hat. Unterschwellig lauern da Erwartungshaltungen wie die, dass sie stets harmonisch sein sollte. Aber Beziehungen brauchen Entwicklung, wenn sie sich lebendig anfühlen sollen. Da gibt es unterwegs immer wieder Geburtswehen. Wenn es in Ihrer Beziehung gerade wehtut, dann könnte das eine Geburtswehe statt das Ende sein.

Karin, eine Klientin, war verzweifelt. Immer wieder hatte sie ihren Mann angefleht, doch mehr Zeit mit der Familie zu verbringen. Und nun wollte er sie endgültig verlassen. »Ich habe doch alles für unsere Ehe getan!«, erzählte sie traurig. Es kam heraus, dass sie zwar jahrelang immer wieder nach mehr Nähe verlangt hatte, dass sie aber in all der Zeit an ihrem Mann herumkritisiert hatte. Sie begriff, dass ihr Mann genau das vollzogen hatte, was unterschwellig ihre Botschaft an ihn gewesen war: »Ich wollte gar nicht ihn, so wie er war. Ich wollte, dass er ein anderer wird, damit ich mich nicht länger frustriert fühle. Eigentlich hatte ich das alles selbst satt.«

Karin begriff in der Krise eine der tiefsten Wahrheiten über Beziehungen: egal, wie schmerzhaft es gerade sein mag, auf einer tieferen Ebene zeigt die Situation genau das, was wir glauben. Karin lernte nun viel über sich selbst und entdeckte ein neues Selbstwertgefühl. Das eröffnete ihr letztlich einen klareren Umgang mit ihrem Mann und brachte die beiden wieder zusammen. Allerdings hatte das neue Zusammensein nur noch wenig mit dem der Vergangenheit zu tun. Aus Karin war eine selbstständigere Frau geworden. Und ihr Mann hatte gelernt, seinen Platz zu Hause und an ihrer Seite einzunehmen. Auch wenn die Prinzen und Prinzessinnen aus den Märchenbüchern immer so glücklich und zufrieden auf ihren Schlössern bis ans Ende ihrer Tage gelebt haben, im richtigen Beziehungsleben ist es nun mal anders: Die Krise kommt garantiert! Und das ist gut so! Krisen zwicken und zwacken. Trotzdem ist ein Wunder in ihnen verborgen: Sie bringen all die Sachen ans Tageslicht, die uns an unserem Glück hindern. Was bisher unbewusst, verborgen oder verdrängt war – in der Krise wird es sichtbar, spürbar, greifbar. Das pikst und macht Angst. Und manchmal bringt es uns um den Verstand, manchmal um den Schlaf. Manchmal zerreißt es uns fast das Herz.

> *»Lassen Sie los von dem oft tief eingeprägten, aber verrückten Anspruch, zwei wildfremde Menschen würden sich eines schönen Tages treffen, verlieben und ab da ganz selbstverständlich zusammenpassen.«*

Aber wenn Sie etwas wagen, kommt auch etwas in Bewegung. Viele Paare haben uns bestätigt: Nach einer durchstandenen und bewusst verarbeiteten Beziehungskrise war die Partnerschaft tiefer und lebendiger als davor. *Ich möchte niemals mehr so leben wie vorher,* war oft das überraschende Fazit.

»Liebe dich selbst« ganz praktisch

Der erste Schritt, damit sich wieder was bewegen kann: Nehmen Sie die Krise an. Auch wenn Sie bisher vielleicht geglaubt haben, Krisen muss man im Keim ersticken. Wir können Ihnen sagen: Bloß nicht! Wenn es leise anfängt zu knirschen, dann nicht länger die Schotten dichtmachen und auf Verdrängung schalten. Denn wenn Sie Missverständnisse, Unbehagen und Verunsicherung zu lange wegdrücken und weitermachen, als sei nichts geschehen, dann türmt sich der Beziehungsballast unausgesprochen zwischen Ihnen beiden auf, bis es irgendwann richtig kracht.

Der zweite Schritt: Werden Sie zum Krisenversteher. Jede Krise hat ihre eigene Botschaft, die Sie daran hindert, irgendetwas in

Ihrem Leben und in Ihrer Beziehung so weiterzumachen wie bisher. Hören Sie auf, sich dagegen zu wehren oder andere dafür verantwortlich zu machen. Schauen Sie lieber richtig hin und fragen Sie sich: Wovon hält mich die Krise gerade ab? Wozu zwingt mich die Krise?

Krisen sind absolut präzise. Auch wenn sie für Schmerz sorgen und uns oft vorkommen wie Abgründe, in die wir hineingeschubst würden. Wer sich auf seine Krise wirklich einlässt, dem hilft sie, neue Kräfte zu entwickeln und sich besser um sich zu kümmern. Und wer sie aufmerksam studiert, dem kann sie fast immer Aha-Erlebnisse und einen gesunden Kurswechsel im Leben bescheren.

Lassen Sie Ihren Partner los und kümmern Sie sich um Ihr Leben

Um eine Beziehung aus einem Krisental wieder in die Höhe zu katapultieren, braucht es eine Art Schaukelbewegung. Stellen Sie es sich etwa so vor: Ihr Auto ist im Schnee festgefahren. Sie geben ein bisschen Gas, gehen runter vom Pedal, geben wieder Gas, gehen wieder runter … Langsam und mit Feingefühl schaukeln Sie sich aus dem festgefahrenen Zustand heraus, bis die Räder wieder greifen. So ähnlich funktioniert der Prozess, wenn Sie aus Ihrem festgefahrenen Beziehungszustand herauswollen. Viele Paare kommen irgendwann in Krisenzeiten an den Punkt, dass nur noch die Reifen durchdrehen, sich aber nichts mehr bewegt. Jetzt braucht es nicht noch mehr Druck, sondern Loslassen. Wenn Sie schon alles versucht haben, dann nützt noch mehr vom Gleichen nichts.

So bei unserer Klientin Inge. Sie hasste sich dafür: Sie kontrollierte sein Handy, wenn er schlief. Sie machte kein Auge zu, wenn er abends unterwegs war. Sie hatte Angst, dass er eine andere traf, und war insgeheim eifersüchtig auf seine Karriere. Wenn er mal zu Hause war, griff sie ihn oft an, dass er sich nie um die Kinder kümmere und ihr keine Aufmerksamkeit gebe. Als sie zu uns kam, hatte sie angefangen, heimlich seine E-Mails zu durchstöbern, und dabei entdeckt, dass er sich mit einer Kollegin sehr vertraut über seine Gefühle austauschte und dass er sich auf eine Stelle in seinem Unternehmen an einem anderen Ort beworben hatte.

In unseren Gesprächen passierte anfangs immer das Gleiche. Wurde Inge nach sich selbst, nach ihren Wünschen gefragt, redete sie über ihren Mann und all das, was er nicht tat, um sie zu unterstützen. Sie war in allem abhängig von seinen Regungen und hatte dabei sich selbst komplett verloren. Ihre Übung während der nächsten, oft harten Monate bestand darin, viele kleine Schritte in die Abstinenz von ihrem Mann und für sich selbst zu tun.

> *»Wenn die Reifen festgefahren sind, sollten Sie aufhören, Vollgas zu geben. Vollgas geben bedeutet in Krisenzeiten meist, sich immer weiter zu verbohren und alle Schuld oder Macht beim Partner zu sehen.«*

Zu Beginn fiel es ihr sehr schwer, sich einfach so mal wieder hübsch zu machen, mal mit einer Freundin auszugehen. Aber eines Tages kam sie mit einer neuen Frisur zu uns und hatte sich zu einer Ausbildung angemeldet. »Ich wollte das schon so lange! Ich wollte was lernen, raus und was erleben. Stattdessen habe ich von meinem Mann gefordert, dass er heimkommt und aufhört, was zu erleben.« Inges Mann sprach bald darauf mit ihr über seinen Wunsch nach beruflicher Veränderung. Die beiden einigten sich, dass er ihre Ausbildung abwartet, bevor sie gemeinsam umzögen. Inge fand in der neuen Stadt den passenden Job. Und die beiden fanden neu zusammen.

Es geht um viele kleine Schaukelbewegungen. Sie stecken wieder fest, das ist okay – aber diesmal tippen Sie sacht aufs Gas und halten das Steuer in Ihre Richtung. Es ist wichtig, dass Sie langsam lernen, aus der schmerzhaften Verstrickung herauszutreten. Dass Sie sich aus dem Gefühl der Ohnmacht und Abhängigkeit langsam herausschaukeln.

Sie sollten in Ihrem System neue Impulse setzen. Stellen Sie sich vor: In Ihnen gibt es ein verletztes Wesen, das erst wieder allmählich Vertrauen finden muss. Je öfter Sie zeigen: Ich mach beim alten Spiel nicht mehr mit, ich sorge gut für mich, ich konzentriere mich immer mehr auf Dinge, die mir guttun – desto mehr inneren Halt und neue Kraft finden Sie.

Das Spannende an diesem inneren Wandlungsprozess: Er kann auch für Wunder im Außen sorgen. In dem Maße, in dem Sie Ihre Energie von unguten Verwicklungen mit Ihrem Partner abziehen und sich auf sich selbst konzentrieren, stärken Sie nicht nur sich selbst. Wenn Sie sich bewegen, muss sich auch Ihr Partner bewegen. Wenn Sie das alte Spiel nicht mehr spielen, kann er es auch nicht mehr.

»Liebe dich selbst« ganz praktisch

Wenn es wieder eskaliert, Sie sich innerlich festfressen oder das Gefühl haben, Sie können es nicht mehr aushalten, dann werden Sie sich dessen bewusst und sagen Sie: Stopp! Nein, ich mach das jetzt nicht wie immer. Wenn Ihre Gedanken galoppieren oder sich zwischen Ihnen und Ihrem Partner alles tiefer in die Abwärtsspirale dreht, dann gehen Sie aktiv raus aus dem ungesunden Kontakt. Verlassen Sie den Raum oder gehen Sie innerlich einen Schritt zurück. Schütteln Sie sich und fragen Sie sich Was tut mir gut? Was tue ich gern? Oder: Was hat mir mal gutgetan?

Auch wenn es sich manchmal anfühlt, als ob Sie gerade Diät halten und immer wieder am Kühlschrank vorbeimüssen – treffen Sie von nun an in schwierigen Momenten aktive, kleine Entscheidungen für sich selbst. Gehen Sie eine Runde spazieren. Legen Sie sich in die Badewanne. Legen Sie eine Platte auf und bewegen Sie sich dazu. Suchen Sie sich ein Foto einer Situation, in der es Ihnen gut ging.

Die Wahrheit ist das Einzige, was Ihre Beziehung heilt

Sie glauben, die Wahrheit kann verletzen. Das ist möglich. Aber die Wahrheit ist das Einzige, das heilt. Der Wendepunkt aus Alltagsroutine und Krise in eine lebendige und erfüllende Beziehung ist die Wahrheit. Sie muss auf den Tisch. Dass Geheimnisse den Zauber einer Beziehung ausmachen, hört sich vielleicht romantisch an, ist aber völlig praxisuntauglich. In Wahrheit steht alles, was unausgesprochen bleibt oder gar verheimlicht wird, wie eine unsichtbare Wand zwischen zwei Partnern.

Sie wollen nicht verletzen und sagen Ihrem Partner nicht, dass Sie die alltäglichen Berührungen, die üblichen Küsse, den Sex so nicht mehr wollen? Zu Hause wird es Ihnen zu eng, Sie brauchen ein bisschen Freiheit, gehen mit den Kumpels einen trinken und erzählen ihr einfach was von Überstunden im Büro? Sie haben um des lieben Friedens willen ein wenig geschwiegen und den Flirt letzten Samstag verheimlicht? Oder Sie haben eine echte Leiche im Keller und führen seit längerer Zeit ein Doppelleben zwischen Ihrer Familie und Ihrem Geliebten?

Leider funktioniert die Beziehungsregel in Sachen Wahrheit fast wie Mathematik: verschweigen = innere Distanz.

Viel verschweigen = viel innere Distanz. Je mehr Sie verheimlichen, umso erstarrter ist jede Begegnung. Am Ende stehen Sie dann vor einer zerrütteten Ehe, weil Ihr Partner der Letzte ist, der weiß, wie es seit geraumer Zeit wirklich in Ihnen aussieht.

Wenn Sie sich nichts mehr ersehnen als neue Lebendigkeit und Nähe – und das in Ihrer bestehenden Beziehung –, dann gibt es ein Wundermittel: Bringen Sie die Wahrheit auf den Tisch. Da geht es nicht nur um die ganz großen Geheimnisse, die Ihnen vielleicht schwer auf der Seele liegen. Da geht es auch um die vielen kleinen aufgestauten Alltagsgefühle. Um die unausgesprochenen Wünsche und ungeteilten Sehnsüchte.

»Liebe dich selbst« ganz praktisch

Durchforsten Sie Ihr Gewissen. Spüren Sie in diesem Moment einmal spontan nach: Was ist es, das Sie mit Ihrem Partner nicht teilen können? Was ist es, das Sie sich nicht trauen? Was hat sich über lange Zeit in Ihnen aufgestaut? Was sorgt für Beklemmung, wenn Sie daran denken? Lauern vielleicht irgendwo in Ihnen Schuld- oder Schamgefühle, die Sie nicht ausdrücken?

Machen Sie sich klar: Das ist der Stoff, aus dem die Wand zwischen Ihnen und Ihrem Partner gemacht ist. Das ist der Stoff, aus dem die Einsamkeit gemacht ist. Das ist es, was Ihre Beziehung aushöhlt. Das ist der Grund, warum sich alles so starr, leer und tot anfühlt. Es braucht Mut und Überwindung, keine Frage. Aber jetzt geht es darum, die Wahrheit wieder auf den Tisch zu bringen. Vielleicht sorgt sie für Tränen und Turbulenzen. Vielleicht für einen Orkan, der durch Ihre Beziehung fegt. Aber für eines sorgt sie nicht: für Verletzung! Die Wahrheit sorgt nicht für Verletzungen. Die Wahrheit bringt die Verletzungen nur ans Tageslicht. Und das ist der Platz, an dem sie endlich geheilt werden können.

Beziehungsrettungsversuche?
Vergeblich!

Oft kommen Leute zu uns und sagen: Bitte helfen Sie mir, ich muss meine Beziehung retten! Wir müssen ihnen dann klarmachen: Es hat keinen Sinn, eine Beziehung retten zu wollen. Wenn Ihre Beziehung ihr Leben verloren hat, zeigt Ihnen ihre Schwäche, dass es etwas Neues braucht – aber nicht in der Beziehung, sondern in Ihrem Leben.

Wenn alles festgefahren oder hoffnungslos scheint, dann versuchen Sie, nicht mit Macht am Alten festzuhalten. Vergessen Sie alle Beziehungsrettungsmaßnahmen und kümmern Sie sich auch hier um sich selbst. Denn Ihre Beziehung ändert sich von allein, wenn Sie Ihr Leben verändern. Der Zustand Ihrer Beziehung spiegelt Ihnen nur Ihren Umgang mit Ihrem Leben wider.

Das ist einer der radikalsten Punkte in Sachen »Liebe dich selbst«: Wenn Sie wollen, dass sich Ihre Beziehung ändert, dann müssen Sie Ihr Leben ändern. Wenn Sie weiterhin arbeiten wie bisher, sich weiterhin mit unzähligen Verpflichtungen vollladen, weiter alles Mögliche wegdrängen und starr Ihren alten Mustern folgen, wenn Sie sich lieber ablenken wie bisher, wenn Sie es immer allen recht machen wollen, sich weiter nur wie das arme Opfer widriger Umstände fühlen, statt die Verantwortung zu übernehmen und Grenzen zu setzen – ja, dann bleibt auch alles wie bisher.

Ein Psychoratgeber, eine Paarberatung, ein Seminar, eine Therapie, ein Videokurs in Sachen Beziehungsglück – sie alle können Ihnen Impulse geben. Aber entscheidend ist, dass Sie erst mal vom Partner loslassen und Ihren Alltag verändern, Ihr Leben umgestalten, Ihre alten Glaubensmuster überprüfen und wenn nötig austauschen. Das ist Arbeit, erfordert Mut, Disziplin und die Bereitschaft, sich auch mal unbeliebt zu machen.

Beziehungsrettungsmaßnahmen rauben Ihnen Kräfte, die Sie für sich selbst benötigen. Beziehung an sich ist wie ein leeres Gefäß. Entscheidend ist das, was beide hineingeben. Wenn zwei ausgelaugte Partner auf Beistand und krankenpflegerische Leistungen hoffen, um wieder Kräfte für andere Bereiche zu sammeln – dann ist Beziehung nur noch Zweckgemeinschaft.

»Liebe dich selbst« ganz praktisch

Fragen Sie sich: Was fehlt mir in meiner Beziehung und von meinem Partner? Und wie kann ich das in mein eigenes Leben bringen? Was kann *ich* an meinem Leben verändern, um wieder zur Ruhe, zu Kräften, in die Lebendigkeit und in meine Balance zu kommen, damit meine Beziehung wieder gefüllt und erfüllt wird? Wie kann ich für meinen inneren Frieden von meinem Partner und dem loslassen, was mir an ihm nicht gefällt? Wie kann ich mich tiefer einlassen und mehr von mir geben? Wie kann ich wieder entspannter, kraftvoller, selbstständiger und offener werden?

Gehen Sie jeden Lebensbereich durch: Zweisamkeit (damit ist nicht gemeint, nebeneinander vor dem Fernseher zu sitzen), Freizeit, Arbeit, Familie, Freunde, soziales Engagement ... Was steht in meinem Leben im Mittelpunkt? Gibt das Kraft für meine Beziehung? Dient es zum Ausgleich, oder ist es Kompensation, eine Möglichkeit, mich vor der Zweisamkeit zu drücken, von Problemen abzulenken? Erfüllt es mich, oder beute ich mich damit aus?

Wenn ich mich ändere,
ändert sich mein Leben

*B*eziehungen funktionieren wie Zahnräder in einer Uhr. Wenn sich ein Rad in seiner Bewegung verändert, müssen sich alle anderen auch verändern. Vielleicht haben Sie ja schon viele Tipps dieses Kurses beherzigt. Vielleicht hat sich Ihr Leben ja schon ganz leise und unmerklich oder plötzlich und dramatisch verändert. Sie haben Ihre Beziehungskrise genutzt. Haben Grenzen gesetzt, sind auf Entzug vom anderen und in Tuchfühlung mit Ihren eigenen Bedürfnissen gegangen. Neue Kräfte und Talente, neue Ecken und Kanten kommen zum Vorschein.

Aber Sie haben vielleicht das Gefühl, jetzt wird alles nicht etwa besser, sondern eher noch komplizierter. Zwischen Ihnen und Ihrem Partner laufen viele Dinge nicht mehr wie früher einfach automatisch. Überall knirscht es im Räderwerk. Kleinigkeiten können Sie plötzlich aus der Spur bringen. Manches, was Sie früher ganz selbstverständlich hingenommen haben, können Sie nicht mehr ertragen.

Manchmal ist das einfach eine Übergangsphase von einem Zustand in den anderen. Sie müssen Ihr Leben neu sortieren. Ihre Partnerschaft muss sich jetzt neu finden. Das kann sich holprig anfühlen, aber auch zu neuer Lebendigkeit führen. Manchmal zieht es jedoch größere Kreise. Die anderen kommen mit Ihnen nicht mehr zurecht, reagieren mit Widerstand, Unverständnis oder wohlgemeinten Ratschlägen. Was ist denn jetzt in den gefahren? Um Himmels willen, werde wieder die Alte! Komm wieder zur Vernunft! So werden Sie von allen Seiten ermahnt. Wenn Sie Ihre Krise ernst nehmen und aus ihr echte Veränderungen für Ihr Leben ableiten, dann bringt das oft Erschütterungen für alle mit sich, die Ihnen nahestehen – für den Partner, die Kinder, die Herkunftsfamilien und die Freunde.

Der Auslöser mag Ihre Beziehung gewesen sein. Doch wenn Sie anfangen, in Ihrem Inneren aufzuräumen, Fragen an sich selbst zu stellen und diese auch ehrlich zu beantworten, dann wirkt sich dieser Prozess auf alle möglichen Bereiche Ihres Lebens aus. Sie haben neue Ziele, verändern Ihre Gewohnheiten und sind zu manchem Kompromiss nicht mehr bereit. Auf einmal ist es, als ob Ihr ganzes Leben zu eng geworden wäre, und Sie spüren, dass es Korrekturen auch in anderen Bereichen braucht: Wie soll es im Beruf weitergehen? Was erwarte ich von meinen Kindern? Wie will ich in Zukunft meine Freizeit mit meinem Partner verbringen? Will ich es meinen Eltern länger um des lieben Friedens willen recht machen?

> *»Wenn Sie eine Beziehungskrise ernsthaft zur persönlichen Entwicklung und Veränderung genutzt haben, dann können Sie oft auch in anderen Lebensbereichen nicht mehr einfach so weiterfunktionieren wie bisher.«*

Wir haben es schon mal gesagt: »Liebe dich selbst« ist nicht »Piep, piep, piep, wir haben uns alle lieb«. Manchmal führt ein innerer Veränderungsprozess auch dazu, dass Sie Sicherheiten und das Verständnis bisher wohlmeinender Menschen verlieren. Da gilt es, klar zu bleiben und daran zu denken: Sie haben diesen Entwicklungsschritt auch nicht freiwillig gemacht.

Sie brauchten eine Krise, um endlich aufzustehen. Warum also sollten die anderen freiwillig etwas ändern? Manchmal führt dieser Weg dazu, dass Sie auf einmal nicht mehr wissen, was Sie mit einem einstmals vertrauten Menschen eigentlich noch verbindet. Und Sie müssen aushalten lernen, dass Beziehungen sich verlieren. Dass Sie sich von langjährigen Freunden, Menschen aus Ihrer Herkunftsfamilie oder sogar von Ihrem Partner lösen müssen, weil es einfach nicht mehr passt. Weil es im Zusammensein mit ihnen keinen Raum mehr gibt, in dem Sie wirklich Sie selbst sein können. Weil die anderen weiterhin erwarten, dass Sie ihren Vorstellungen entsprechen.

Das tut weh und sorgt für Schuldgefühle und immer wieder für die Frage: Vielleicht bin ich ja gerade auf dem Holzweg? Vielleicht ist der Weg der anderen ja der bessere? Wir können Ihnen versichern: Wenn Sie während der Turbulenzen bei sich bleiben, dann bekommen tragfähige Beziehungen neue Tiefe. Selbst wenn Sie sich eine Zeit lang unverstanden und einsam fühlen – vertrauen Sie. Auch die anderen können sich wandeln, und zudem kommen auch wieder neue Menschen in Ihr Leben, mit denen Sie Nähe und Leichtigkeit erleben, die Sie früher nicht für möglich gehalten hätten.

»Liebe dich selbst« ganz praktisch

Seien Sie bereit, sich bei Ihren Lieben unbeliebt zu machen! Wer gut zu sich selbst ist, der ist oft nicht mehr der liebe Nette für alle anderen. Wer tiefer zu sich vordringt und seine Gaben und Sehnsüchte freilegt, der setzt neue Kräfte frei und entwickelt neue Wünsche. Was auch immer geschieht: Folgen Sie Ihrem Herzen.

Trennung in der Beziehung – das letzte große Wunderheilmittel

Manchmal ist alles gesagt, alles getan, und es braucht einen Schnitt. Vor allem, wenn Ihre Beziehung nur noch ein sich wiederholender Teufelskreis ist, gibt es eine letzte Station vor der endgültigen Trennung. Dabei geht es darum, völlig voneinander loszulassen, um sich innerhalb der Partnerschaft den Raum zu gestatten, über alles neu nachzudenken. Wir nennen das mentale Trennung. Oder: Trennung in der Beziehung.

Unserer Erfahrung nach kann es das Wundermittel sein, gerade wenn Sie das Gefühl haben: Es hat keinen Sinn mehr – ich habe alles versucht. Vielleicht steht gerade jetzt nicht die Scheidung an, sondern das Abgrenzen. Sie wollen Abstand zu alldem, wollen konsequent werden und Verantwortung für sich selbst übernehmen.

Bei der Trennung in der Beziehung geht es vor allem um Disziplin sich selbst gegenüber. Sie beschäftigen sich nicht mehr länger mit dem, was der andere nicht macht. Sie konzentrieren sich auf das, was Sie brauchen, egal, wie der andere sich gerade verhält.

Diese interne, radikale Loslösung voneinander ist nicht kalter Krieg mit subtilen Waffen, sondern wir meinen: Geschütze einfahren und Rückzug vom Schlachtfeld. Hier bleiben zwei unter einem Dach, aber jeder ist nur für sich und sein Leben verantwortlich. Es geht darum, aktiv und bewusst aus den krankhaften Verwicklungen und Mustern auszusteigen.

In den meisten Fällen rennen wir weg, wenn wir uns trennen. Wir gehen, ohne dass wir das Gefühl haben, aus eigener Kraft an unserer verfahrenen Situation etwas hätten ändern können. Ohne dass wir uns jetzt wirklich freier, sicherer oder kraftvoller fühlen. Ohne dass wir gelernt hätten, neue Wege zu gehen, ganz egal, ob sich der Partner bewegt hat.

Wir meinen, wir müssen flüchten, um uns zu retten. Das sorgt dann trotz der Trennung meist nur für noch mehr Groll, Wut und Ohnmacht. Wir sind zwar gegangen, aber innerlich haben wir das Gefühl, das Monster nicht besiegt zu haben, sondern nur vor ihm weggelaufen zu sein. Kennen Sie nicht auch die Paare, die dann aus der Ferne immer noch völlig hilflos im Groll aneinandergeketet sind?

Also – bei der Trennung in der Beziehung geht es darum, das Monster vor dem Schloss, in dem das Beziehungsglück wohnt, in uns selbst zu besiegen. Erst wenn wir das gelernt haben, finden wir zurück auf unseren Thron.

Also ran an das Monster!

»Liebe dich selbst« ganz praktisch

Bleiben Sie und lösen Sie sich im ersten Schritt von allem, was Ihnen nicht guttut. Aber Achtung: Finger weg vom Partner! Keine

Diskussionen und keine Kontrolle! Das Allerwichtigste: Es gibt keine gegenseitigen Ansprüche mehr. Der Partner kann machen, was er will. Und Sie auch! Stellen Sie sich einfach vor, es wäre schon nach der Scheidung, dann haben Sie auch keinen Einfluss mehr. Sie verhalten sich nur bereits jetzt schon so. Und das befreit.

Dinge, die Sie nicht mehr tun wollen, die tun Sie nicht mehr. Dann bleibt die Wäsche eben liegen, und gekocht wird auch nicht mehr für den anderen – natürlich nur, sofern Sie das so wollen. Und Sie müssen auch nicht mehr mit zum obligatorischen Familienfest, bloß weil es Ihr Partner erwartet.

Im zweiten Schritt geht es um Ihr neues Leben. Was hat Ihnen schon lange gefehlt? Was haben Sie aufgeschoben, sich nicht getraut? Jetzt ist die Zeit gekommen: für die Ausbildung, Umschulung, das Training. Jetzt können Sie Ihren Stil, die Kleidung, die Frisur, die Figur verändern. Den ersten Schritt tun, um einen lang gehegten Traum zu verwirklichen.

Wenn der ganze Prozess Unsicherheit, Hilflosigkeit, Schmerz, Ohnmacht oder Angst bringt – dann geht es in dieser Phase vor allem darum, dass Sie diese Gefühle aushalten und annehmen lernen. Und dass Sie derweil trotzdem Schritt für Schritt weiter durch die Veränderung gehen.

Aber Achtung! Mogeln Sie nicht! Das ist kein Freifahrtschein, um sich jetzt endgültig aus dem Staub und aus der Verantwortung zu machen. Hier geht es um einen gewaltigen Veränderungsprozess, der einem Entzug ähnelt. Er braucht extrem viel Klarheit und Konsequenz und die Bereitschaft, nach jedem Hinfallen wieder aufzustehen. All das sorgt im Gegensatz zum resignierten Weglaufen für echte Befreiung – und zwar in Ihnen.

Vergebung – altmodisch, aber ungeheuer hilfreich

Vergeben – schon das Wort wirkt unmodern. Neben der Wahrheit gibt es allerdings nichts, was Ihr Leben drastischer verändern und Ihre Beziehung tiefer heilen kann als Vergebung. Vergebung meint allerdings etwas anderes, als die meisten Menschen mit diesem Wort verbinden. Da geht es nicht um Großmut, Aufopferung oder Moral anderen gegenüber. Sondern darum, wie Sie sich praktisch und dauerhaft von Ihrem emotionalen Schmerz und alten ungesunden Verbindungen befreien.

In jeder Partnerschaft gibt es Urteile und Verletzungen. Deshalb ist wirkliche Veränderung ohne Vergebung nicht möglich. Wie wollen Sie sonst die Verletzungen, die sich mit der Zeit zwischen Ihnen angesammelt haben, wieder aus dem System kriegen? Ohne Vergebung können Sie sie vielleicht verdrängen. Aber dann türmen sie sich in Ihrem Herzen und in Ihrem Körper wie ein Müllberg auf, der zwischen Ihnen und Ihrem Partner steht.

Vergebung hat nichts mit Gönnerhaftigkeit zu tun. Wahre Vergebung befreit Sie und hat den Effekt einer groß angelegten Entrümpelungsaktion in Ihrem Herzen. Wahre Vergebung ist eine sehr radikale Art, mit dem Leben umzugehen.

Und wie das meiste in diesem Kurs fordert auch sie einen Perspektivwechsel von außen nach innen.

Wagen Sie ein kleines Experiment: Gehen Sie in Ihrer Erinnerung zurück in eine Situation, in der Sie sich verletzt gefühlt haben. Vielleicht hat sich Ihr Partner nicht um Sie gekümmert, Sie hintergangen oder betrogen. Vielleicht haben Sie sich benutzt oder im Stich gelassen gefühlt. Tauchen Bilder in Ihnen auf? Gefühle von Groll, Wut, Ohnmacht oder Angst? Spannungen im Körper? Fühlen Sie sich gelähmt?

> *»Sie träumen von Wundern in Ihrer Beziehung?*
> *Die sind tatsächlich möglich. Das größte Wunder ist*
> *die Vergebung. Sie haben es in jedem Moment in der*
> *Hand, sich für dieses Wunder zu entscheiden – dafür,*
> *ob Sie leiden oder ob Sie die ganze Geschichte loslassen*
> *und sich befreit fühlen.«*

Was auch immer in Ihnen geschieht, wenn Sie an die alte Verletzung denken – es findet in Ihnen statt. Nicht bei dem, der Sie verletzt hat, und nirgendwo da draußen. Nichts ist in diesem Moment passiert – außer dass wir Ihnen ein paar Fragen gestellt haben. Es sind Ihre Gedanken und Ihre Gefühle. Ihnen geht es schlecht, wenn Sie an eine alte Verletzung denken. Ihnen geht es schlecht, weil Sie an einer alten Geschichte und an alten Gefühlen festhalten. Können Sie wahrnehmen, wie verrückt das ist? Merken Sie, dass Sie sich wieder und wieder selbst verletzen, wenn Sie innerlich an Ihrem alten Groll festhalten? Sie finden vielleicht, dass Sie ein Recht haben, Groll zu hegen. Schließlich hat Ihr Partner Sie ja nicht gut behandelt, hintergangen oder betrogen. Mag sein, dass Sie ein Recht dazu haben. Aber die Frage lautet: Haben Sie auch Lust dazu? Lust, sich schlecht zu fühlen? Niemand hat Sie vielleicht je ermutigt, diese Frage zu stellen, wenn es um Ihre Reaktion auf emotionale Verletzungen geht. Aber sie ist trotzdem extrem wichtig.

Sie führt Sie dahin, den praktischen Wert von Vergebung zu entdecken. Sie gibt Ihnen Entscheidungsfreiheit über Ihr Leben und macht Sie frei. Sie können vergeben und damit den eigenen inneren Frieden wichtiger nehmen als den Drang, sich selbst und andere immer wieder alten Ansprüchen zu unterwerfen und die eigene Kraft in Bitterkeit, Rachegelüsten und Wut zu verschwenden.

Vergebung hat noch einen wunderbaren Nebeneffekt: Sie hilft Ihnen, mit sich selbst ins Reine zu kommen. Wenn Sie an anderen etwas verurteilen, dann verurteilen Sie es versteckt immer auch an sich selbst. Wenn Sie lernen zu vergeben, dann befreien Sie sich von Ihrem Perfektionismus, von Selbstablehnung und von Ihrer vermeintlichen Ohnmacht. Wenn Sie sich in Vergebung anderen gegenüber üben, dann entwickeln Sie Abstand, mit der Zeit Verständnis und später Mitgefühl auch für sich selbst.

»Liebe dich selbst« ganz praktisch

Diese Übung ist kurz, braucht aber im Zweifel intensives Training. Achten Sie bewusst darauf, wenn Sie im Sumpf der Vergangenheit herumwaten. Sobald Sie sich dabei erwischen, sagen Sie: Stopp! Und üben dann einen radikalen Wechsel des Standpunktes: Ich will nicht länger die Opferrolle übernehmen, und ich will mich auch nicht länger schlecht fühlen. Deshalb lasse ich das jetzt alles los, bleibe bei mir, meiner Kraft und meinem Weg.

Wenn Sie das regelmäßig üben, können Sie sich endlich mit Ihrem Leben aussöhnen und vorangehen. So zu vergeben ist anfangs nicht leicht – aber heilsam.

Das Geheimnis von
»Liebe dich selbst«

Wir sind fast am Ende dieses Kurses. Wir könnten Ihnen sicher immer noch weitere Tipps geben. Ihnen fallen vielleicht auch noch alle möglichen Fragen ein, die Sie gern detaillierter beantwortet hätten. Wahrscheinlich täten auch noch ein paar Übungen gut. All das würde mit Sicherheit zusätzliche Impulse, vielleicht auch noch mal neuen Schwung in Ihr Leben bringen. Aber wenn Sie auf der Suche nach der Liebe sind, wird mehr von alledem Sie nur in die Richtung, nicht aber ans Ziel führen.

Das Geheimnis von »Liebe dich selbst« ist im Kern unendlich viel tiefer und größer, als dass wir es mit Übungen, Anstrengung oder unserem Verstand erfassen könnten. Da geht es nicht darum, sich zu trainieren und zu verbessern. Sondern um die Entdeckung, dass Sie im Kern längst perfekt sind, so wie Sie sind. Es gibt da draußen nichts – keinen Partner, keine Beziehung, keinen Besitz und keinen Erfolg –, das Ihnen das Gefühl geben könnte, nach dem Sie sich innerlich so sehr sehnen. Alles da draußen hilft vielleicht, aber nichts davon wird Ihnen das einzig wirklich erfüllende Gefühl geben können – das des Einsseins. Das ist es, worum sich die Liebe dreht.

Auch wenn es Ihnen vielleicht nicht bewusst ist – aber die Sehnsucht, die alle Begegnungen antreibt, ist nicht die nach einem anderen, sondern die danach, sich eins zu fühlen – und zwar mit sich selbst. Deshalb ist das große Dilemma auch nicht, dass wir immer die falschen Partner treffen, sondern dass wir nicht wissen, wer wir wirklich sind. Dieses Einssein, nach dem wir alle so ruhelos suchen, existiert tatsächlich. Nur nicht da draußen, wo wir es vermuten, sondern tief in uns selbst, in unserem eigenen Inneren.

Wenn Sie sich gerade alleingelassen und verloren fühlen, dann haben Sie nichts vermasselt. Sie haben nur vergessen, wer Sie wirklich sind. Sie finden die Liebe nur deshalb nicht, weil Sie immer an der falschen Stelle suchen. Irgendwo da draußen bei einem anderen Menschen. Würden Sie nur einmal den Blick wenden und tiefer in sich selbst hineinschauen, würden Sie ein Wunder entdecken: nämlich dass Sie mit diesem Einssein geboren wurden. Es gibt in Ihnen Ihr perfektes Wesen. Es liegt in Ihnen wie der Same einer Sonnenblume. Und das Grandiose an einem Samen ist, dass er vom ersten Moment an alle Informationen für die spätere Pflanze in sich trägt.

»Liebe dich selbst« ganz praktisch

Schließen Sie die Augen, wenden Sie den Blick nach innen und stellen Sie sich vor, Sie sähen den Samen einer Sonnenblume in der Erde liegen. Würde sich der Samen fragen, ob er vielleicht besser eine Rose wäre, um attraktiver zu sein? Würde er sich anstrengen, endlich so zu sein wie ein anderer Samen? Würde er sich verändern wollen, um dazuzugehören? Oder würde er nicht einfach wachsen und die beste Sonnenblume werden, die er sein kann?

Stellen Sie sich vor, Sie wären dieser Samen, der sein Sonnenblumensein genießt, sich nach der Sonne ausrichtet und seine Wurzeln nach Nahrung und Wasser tief in die Erde bohrt. In Ihnen schlummert dieser Samen. Alles ist da. Sie können es gerade in diesem Moment vielleicht nur noch nicht sehen.

Wie Sie die Liebe finden

Sie wollen doch immer noch die Liebe finden? Dann bleibt uns hier zum Schluss nichts anderes übrig, als mit Ihnen gemeinsam das Territorium noch ein bisschen weiter zu verlassen, auf dem sich Ihr Verstand sicher fühlt.

In Ihnen ist alles längst vorhanden, was Sie glauben, noch zu brauchen, um endlich glücklich zu sein. Aber niemand könnte Sie je mit Worten und Erklärungen wirklich dorthin führen. Wir können Ihnen nur von dem erzählen, was wir auf unserem Weg als Paar auf der Suche nach der Liebe und einer erfüllenden Beziehung entdeckt haben. Am Ende ist das Wunder von »Liebe dich selbst« eine Erfahrung. Wenn Sie sie machen, dann wissen Sie es. Dabei handelt es sich allerdings um ein Wissen jenseits Ihres Verstandes. Es ist eine Erfahrung der Resonanz. Ob Ihr Kopf zweifelt oder nicht – Sie spüren mit jeder Zelle die Wahrheit. Etwas macht innerlich klick, und Sie wissen, da ist was dran an dem, wovon die Zurhorsts gerade reden.

Das heißt nicht, dass Sie augenblicklich mit verklärtem Blick da sitzen und beseelt sind von Einssein und grenzenloser Liebe für sich selbst. Vielleicht befinden Sie sich ja gerade in der größten Beziehungskrise Ihres Lebens. Sie haben Angst, haben den Glauben und den Respekt vor Ihrem Partner verloren und fühlen sich selbst nur noch wertlos und einsam.

*»Vielleicht spüren Sie kein einziges nährendes Gefühl
in Ihrem Inneren. Aber trotzdem kann es klick
machen. Trotzdem kann etwas in Ihnen sich auf
einmal erinnern, dass da mehr ist.«*

Und da mitten hinein erzählen wir Ihnen, dass alles da ist,
was Sie sich wünschen. Dass es in Ihnen gibt, wonach Sie
suchen. Dass die Liebe in Ihnen wie der Samen einer Sonnenblume schlummert, der alle Informationen für die Pflanze
bereits in sich trägt und nichts anderes will als erblühen.
Es ist nur wahrscheinlich, dass Sie da nicht vor Glückselig-
keit aus den Kleidern springen. Vielleicht werden Sie traurig, weil Sie spüren, dass Sie irgendwie schon lange vom Weg
abgekommen sind. Dass es schon lange um etwas anderes
geht. Solche Gefühle weisen Ihnen bereits den Weg und sind
nicht etwa ein Indiz dafür, dass es in Ihnen keinen perfekten
Samen gäbe. Sie erleben einfach nur gerade, wie es sich anfühlt, wenn man den Kontakt zu ihm verloren hat.

Das ist nichts, wofür Sie sich beschuldigen müssten. Die
meisten von uns verlieren irgendwann früher oder später den
Kontakt. Während ein Sonnenblumensamen in der Natur
einfach wachsen und sich entfalten kann, sind wir im Laufe
unseres Lebens allen möglichen Einflüssen ausgesetzt, die wie
Genmanipulationen auf unseren Samen wirken: Erziehung,
familiäre Anforderungen, gesellschaftliche Normen und Strö-
mungen, Ansprüche von Freunden und Partnern. Alle haben
eine Vorstellung davon, wie wir zu sein haben. Nur die we-
nigsten wollen wissen, wer wir wirklich sind.

Um in Ihrer Familie, in Ihrem Freundeskreis oder in Ihrer Partnerschaft dazuzugehören, sollen Sie diesem entsprechen, jenes erreichen, das auf jeden Fall unterlassen – und mit den Jahren hinterlässt all dies so starke Prägungen und Eindrücke auf Ihr Sonnenblumensamenkorn, dass Sie von Ihrer ursprünglichen Vollkommenheit nicht mal mehr eine Ahnung haben. Ihr Kern ist aus Ihrem Blickfeld verschwunden.

Und eines Tages fehlt Ihnen dann jedes Gefühl von natürlicher Verbindung. Manchmal fragen Sie sich, ob es nicht besser wäre, wenn Sie eine Rose wären. Manchmal sind Sie auf der Suche nach einer anderen Sonnenblume. Ohne den Kontakt zu Ihrem eigentlichen Kern sind Sie eben immer auf der Suche nach etwas. Nach Glück und Heilung in Ihrer Beziehung, nach Veränderung und Öffnung bei Ihrem Gegenüber, nach einem neuen, besseren Partner … Aber eigentlich suchen Sie nach Kontakt zu Ihrer eigenen Kraft, nach der Rückkehr zu Ihrem eigentlichen Wesen und Ihrer natürlichen Lebendigkeit, nach der Ganzheit vom Samenkorn in Ihrem Inneren.

»Liebe dich selbst« ganz praktisch

Sie machen sich auf, um den anderen Menschen zu zeigen, wer Sie sind. Sie widmen all Ihre Leidenschaft nicht mehr der Suche nach Mr Right oder Mrs Perfect, sondern der Suche nach Ihrem Samen. Sie sind bereit, ihn tief in Ihrem Inneren zu finden, in den passenden Boden zu stecken, zu wässern und zu nähren und darauf zu vertrauen, dass er erblüht zu dem Besten, was Sie sind.

Der Joker zum Schluss:
Humor

W issen Sie, worüber wir beide heute lachen können? Darüber, dass wir uns damals trennen wollten. Allein der Gedanke wirkt heute so verrückt auf uns, dass wir nur schmunzeln können. Heute ist Trennung nur noch einen harmlosen Scherz im Alltag wert: Wenn du mir jetzt kein Gummibärchen abgibst, dann lass ich mich scheiden … Der Gedanke an Trennung hat einfach jede existenzielle Kraft in unserer Ehe verloren. Wenn Sie den Weg gehen, den wir hier beschrieben haben, werden Sie sehen, dass das mit vielen Beziehungsproblemen so geht. Sie verlieren ihre Bedrohlichkeit – einfach deshalb, weil Sie sie in der Tiefe zu verstehen beginnen und sie nicht mehr so ernst nehmen.

Ihr Glück hängt auch davon ab, ob Sie in der Lage sind, sich nicht von allem runterziehen zu lassen und bewusst Abstand vom Beziehungsstress zu nehmen. Humor ist dazu ein wunderbares Mittel. Er hilft, wieder etwas Leichtigkeit ins Geschehen zu bringen und heil durch die emotionalen Minenfelder zu kommen. Humor ist der Fahrstuhl vom Kopf ins Herz.

Vor allem in Übergangsphasen kann er äußerst hilfreich sein. Der alte Mist ist zwar schon durchschaut, aber aus der Macht der Gewohnheit taucht er doch immer mal wieder auf.

Sie verstricken sich zum Beispiel immer wieder in Machtkämpfen. Haben aber schon gemerkt, dass das die Wiederholung der immer gleichen Endlosschleife ist: Ihre alten Prägungen, Muster und Vorstellungen treffen auf diejenigen Ihres Partners. Einer löst aus. Der andere reagiert. Da können Sie verrückt werden, weil es schon wieder losgeht, oder aber Sie fangen an, Witze darüber zu machen. Damit kann sich die Explosionsgefahr in Luft auflösen. Humor befreit und nimmt die Schwere. Auf einmal können Sie wieder unbefangen und offenen Herzens aufeinander zugehen. Das sind doch heitere Aussichten …

Oder Sie haben sich jahrelang darüber aufgeregt, dass Ihr Mann sich nicht mit Beziehungsfragen beschäftigt. Dass er nichts von Ihren Gefühlen versteht und schon gar nicht seine eigenen kennt. Dass er nicht mitkriegt, worum es in Sachen Partnerschaft wirklich geht. Sie können daran verzweifeln – oder Sie können es mit einem unserer Lieblingssprüche halten: Viele Frauen beneiden Ihren Mann, weil er so glücklich verheiratet ist. Das ist vielleicht auf den ersten Blick nur ein Witz. Aber auf den zweiten Blick kann es Ihnen einen unglaublichen Weg eröffnen – raus aus dem Drama.

Drama und Schmerz entstehen immer, wenn Sie unbewusst und verwickelt sind. Und nicht etwa, weil Sie recht haben und Ihr Partner etwas falsch macht. Also, wenn es gerade schwierig ist, braucht es nicht immer gleich eine Eheberatung oder gar Trennung. Manchmal hilft einfach ein bisschen Humor und Ihre Bereitschaft, nicht Ihren Partner zu beneiden, sondern lieber selbst etwas glücklicher verheiratet sein zu wollen.

»Liebe dich selbst« ganz praktisch

Werden Sie großzügiger mit sich. Zwinkern Sie sich öfter zu. Lernen Sie Ihre Macken kennen – und lieben. Und entdecken Sie immer tiefer das Wunder, dass damit automatisch auch Ihr Partner und all die anderen da draußen liebenswerter werden, so wie sie sind.

Zum Nachschlagen

Bücher und CDs, die weiterhelfen

Kornfield, Jack: *Meditation für Anfänger* (CD mit sechs geführten Meditationen für Einsicht, innere Klarheit und Mitempfinden), Arkana 2000.

Spezzano, Chuck: *Wenn es verletzt, ist es keine Liebe. Die Gesetzmäßigkeiten erfüllter Partnerschaft*, Goldmann 2005.

Ders.: *Der Himmel möchte, dass du glücklich bist. 50 Impulse für eine gelingende Partnerschaft*, Goldmann 2018.

Tolle, Eckhart: *Jetzt! Die Kraft der Gegenwart*, Kamphausen 2000.

Ders.: *Stille spricht. Wahres Sein berühren*, Sonderausgabe, Arkana 2016.

Zurhorst, Eva-Maria: *Liebe dich selbst und es ist egal, wen du heiratest*, Goldmann 2009.

Dies.: *Liebe dich selbst und freu dich auf die nächste Krise*, Goldmann 2011.

Dies.: *Liebe dich selbst und entdecke, was dich stark macht*, Goldmann 2012.

Dies.: *Soulsex. Die körperliche Liebe neu entdecken,* Arkana 2014.

Dies.: Ida. *Die Lösung liegt in dir,* Goldmann 2015.

Dies./Wolfram Zurhorst: *Liebe dich selbst und es ist egal, wen du heiratest. Der große Praxiskurs Das Liebesgeheimnis,* (mit CD) Arkana 2016.

Eva-Maria Zurhorst und Wolfram Zurhorst sind Deutschlands bekannteste Beziehungsberater und Bestsellerautoren. Sie haben mit *Liebe dich selbst und es ist egal, wen du heiratest* einen der international erfolgreichsten Beziehungsratgeber geschrieben. Mit ihren weltweit übersetzten Büchern vermitteln die beiden seit rund zwanzig Jahren eine radikal neue Sicht auf Ehe und Partnerschaft und zeigen in ihrer Arbeit, wie wir alleine und von innen heraus unsere Beziehung grundlegend heilen können. Gemeinsam geben die beiden Coachings für Paare und Einzelne, während Eva-Maria Zurhorst als Life-Coach Frauen in ihren Telefontrainings dabei begleitet, ihr Leben und ihre Beziehung wieder mehr nach ihrem Herzen auszurichten und in die Kraft zu bringen.

Weitere Informationen unter
www.zurhorstundzurhorst.com

Unsere Leseempfehlung

EVA-MARIA & WOLFRAM
ZURHORST

Liebe dich selbst
und entdecke,
was dich stark macht

∞

Der Königsweg aus Burn-out
und Beziehungsstress

GOLDMANN

256 Seiten
Auch als Hörbuch
erhältlich

Die Bestsellerautoren Eva-Maria und Wolfram Zurhorst beschreiben anhand vieler Beispiele Wege aus beruflichen Sackgassen, Selbstausbeutung und überhöhten Erfolgsansprüchen. Aus ihrer Erfahrung als Coaches ermutigen sie ihre Leser, sich Fragen zu stellen, die vielleicht lange dem Sicherheitsdenken und überhöhtem Erfolgsanspruch weichen mussten. Mit vielen praktischen Übungen hilft das Buch, berufliche Krisen dazu zu nutzen, eingefahrene, aber nicht mehr hilfreiche Glaubenssätze zu überwinden und das eigene Potenzial zu aktivieren.

www.goldmann-verlag.de
www.facebook.com/goldmannverlag

GOLDMANN
Lesen erleben